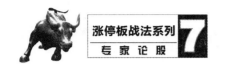

涨停板战法系列 7

专家论股

# 主升浪

## 之热点龙头

张华 ◎ 著

四川人民出版社

图书在版编目（CIP）数据

主升浪之热点龙头/张华著. —成都：四川人民
出版社，2020.7（2022.5 重印）
（涨停板战法系列）
ISBN 978－7－220－11894－4

Ⅰ. ①主…  Ⅱ. ①张…  Ⅲ. ①股票交易－基本知识
Ⅳ. ①F830.91

中国版本图书馆 CIP 数据核字（2020）第 099535 号

ZHUSHENGLANG ZHI REDIAN LONGTOU

# 主升浪之热点龙头

张 华 著

| | |
|---|---|
| 责任编辑 | 王定宇 |
| 封面设计 | 李其飞 |
| 内文设计 | 戴雨虹 |
| 责任校对 | 何佳佳 |
| 责任印制 | 王 俊 |
| 出版发行 | 四川人民出版社（成都三色路 238 号） |
| 网　　址 | http://www.scpph.com |
| E-mail | scrmcbs@sina.com |
| 新浪微博 | @四川人民出版社 |
| 微信公众号 | 四川人民出版社 |
| 发行部业务电话 | （028）86361653  86361656 |
| 防盗版举报电话 | （028）86361661 |
| 照　　排 | 四川胜翔数码印务设计有限公司 |
| 印　　刷 | 成都蜀通印务有限责任公司 |
| 成品尺寸 | 185mm×260mm |
| 印　　张 | 16 |
| 字　　数 | 293 千 |
| 版　　次 | 2020 年 7 月第 1 版 |
| 印　　次 | 2022 年 5 月第 2 次印刷 |
| 书　　号 | ISBN 978－7－220－11894－4 |
| 定　　价 | 48.00 元 |

# 前 言
## 热点龙头之背景

2020年的新冠肺炎史无前例，注定要写入人类大流行病的史册！

它是天外来客，还是人造祸端？发源地在哪里？零号病人是谁？这都有待科学家实事求是地揭露真相。

它将14亿中国人隔离在家中，过了一个不走亲、不访友、不接待的"三不"春节；为此，春节影院损失大约70亿人民币。

它致使中国股市2020年2月3日一天出现了3000多个跌停板。

它致使美国"钻石公主"号豪华游轮成为一台新冠肺炎的孵化器。

它致使美国股市2020年3月一个月之内破天荒出现4次熔断……

它致使德国总理默克尔、英国首相鲍里斯·约翰逊隔离在家；10天后鲍里斯·约翰逊于4月5日入院治疗，4月6日晚被送进重病监护病房。

它使意大利总理向国民宣布"最黑暗的时刻来临了"。

它让叙利亚的叛军停了火，办到了美国、俄国想办而没有办法办到的事情。

它致使在伊拉克的英军、法军悄悄地溜走了。

它使东京2020年的奥运会推迟至2021年7月23日举办。

它穿透美国"罗斯福""里根"两大航空母舰的坚甲利炮，让其不得不"趴窝"。

3月31日美国的《旧金山纪事报》登载了"罗斯福"号航母舰舰长罗泽尔写给海军高层的一封信，信中描述道：航母上已经有近200人被检测出感染了新型冠状病毒，并且有愈演愈烈的趋势，这些患者在航空母舰上得不到救治，生命已经受到严重威胁，而且还有一半的疑似感染的水兵还无法得到确认，他们说不定还会感染其他的水兵，所以罗泽尔舰长请求国防部让"罗斯福"号驶回港口，使全航母的水兵们可以得到治疗。

让国防部蒙受巨大压力的罗泽尔能有好日子过吗？就在罗泽尔信件曝光后的4月3日，罗泽尔舰长就被美国防部解职，命令即时生效。在"罗斯福"号驶回港口，水兵们依次排队下舰后，罗泽尔一个人拎着行李袋慢慢走下航母，航母上留守水兵则大规模聚集，高呼舰长的名字依依不舍。4月5日罗泽尔被确诊感染新冠肺炎。

它致使全球200多个国家无一空过，也致使许多国家封锁国界进行抗疫。

截至2020年4月3日，新冠肺炎全球确诊病例超过100万。

它造成了美国上万人大死亡，感染数量名列全球第一，据凤凰卫视2020年4月7日早间报道：截至4月6日，美国新冠肺炎确诊病例升至356942，死亡10524，位居全球第一。

它连动物都不放过，2020年4月7日凤凰卫视报道，"美国纽约老虎染疫，狗公园关闭"。

它无视国界，无视民族、种族，无视派系、信仰，无视达官贵人、贫贱，无视陆地、海洋，甚至无视动物；新冠肺炎就像一把野火烧遍了全球。

它就像一面镜子，照出了世间百态……商店门市、餐饮、影院闭门谢客；广场、大街、运动场空空如也；工厂、建筑工地停工；交通运输萎缩……供应链受创。

危难关头，国家的医护精英却逆行奔向最危险的战场。

就在它肆虐的淫威下，中国A股还泛起了朵朵浪花。这翻越冲天的浪花，无不透露出了资本的无所畏惧、贪得无厌。英国工会活动家、政论家托马斯·约瑟夫·登宁说："资本害怕没有利润或利润太少，就像自然界害怕真空一样。一旦有适当的利润，资本就胆大起来。如果有10%的利润，它就保证到处被使用；有20%的利润，它就活跃起来；有50%的利润，它就铤而走险；为了100%的利润，它就敢践踏一切人间法律；有300%的利润，它就敢犯任何罪行，甚至冒绞首的危险。如果动乱和纷争能带来利润，它就会鼓励动乱和纷争。走私和贩卖奴隶就是证明。"

我们来看看2020年联环药业、秀强股份、道恩股份、航天长峰等股票在新冠肺炎疫情背景下，是被拥有大量资本的炒家如何借机炒作，它们是如何被打造成为热点龙头，如何演绎主升浪行情的。

当主力买进了"抗流感"龙头联环药业、"口罩"龙头道恩股份、"呼吸机"龙头航天长峰，当这些热点龙头起涨时、上涨时，你可能看到了，问题是买了没有？

或许你认为那些股价已经涨停板了、涨高了，只是看看而已；

或许你没有跟上热点龙头，而买进了跟风股；

或许你还在谋求那些继续下跌到低位的廉价股，谋求在底部抄底的机会……

然而事实是——错失热点龙头的良机，结果便是天地之差。

热点之龙头是谁打造的？

如何跟上热点龙头的炒作？

如何在热点龙头见顶时及时出局？

如何打造一个稳定地捕捉牛股、妖股、龙头股的有灵魂的交易系统？

这都是身在股市里每一个交易者必须认真研究、认真对待的头号问题。炒热点龙头的"买卖"两个字，可以说是价值千金，掌握了热点龙头"买卖"的规律，那就是"买卖"的艺术；没有掌握热点龙头"买卖"的规律，没有建立一个能稳定盈利的有灵魂的交易系统——那就是任人收割的"韭菜"。

以上相关内容见下列附图。

据央视 CCTV－1 2020 年 4 月 4 日报道截图，如图－1：

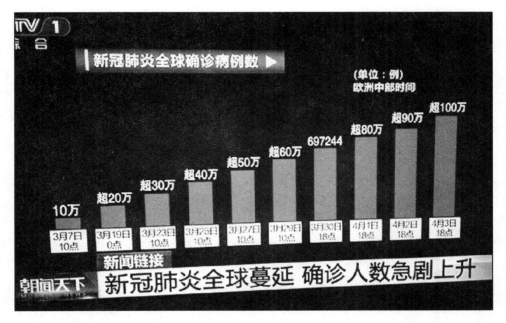

图－1

据凤凰卫视 2020 年 4 月 5 日报道截图，如图—2：

图—2

据央视 CCTV—1 2020 年 4 月 5 日报道截图，如图—3：

图—3

据凤凰卫视 2020 年 4 月 5 日报道截图，如图－4：

图－4

据凤凰卫视 2020 年 4 月 7 日报道截图，如图－5：

图－5

据凤凰卫视 2020 年 4 月 7 日报道截图，如图－6：

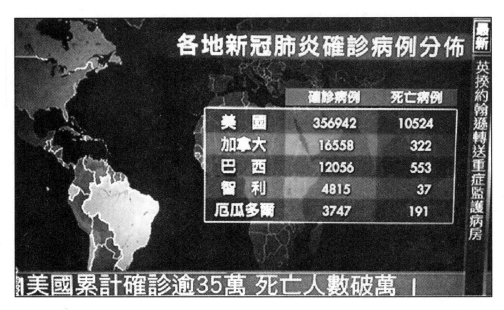

图－6

# 目 录

# 第一章
# 联环药业乘“抗流感”牛气冲天

## 第一板　2020.1.17涨停突破

大家知道，资本的本性虽然是贪婪、无情、无德，但嗅觉灵敏，哪里有盈利的机会，它就会出现在哪里。

2020年1月初在武汉，肺炎疫情在悄然扩散，有人吹哨提醒，有人掩盖粉饰，有人恐惧逃离……

2020年1月17日13:22联环药业冲击到涨停板，这就是一个上涨的信号，我在微信群中迅速告诉朋友：“注意：联环药业冲击涨停板突破前高，可在回调时逢低吸纳!!”如图1—1所示：

图1-1

从图1－2中可以看到联环药业价量齐升，突破前高：

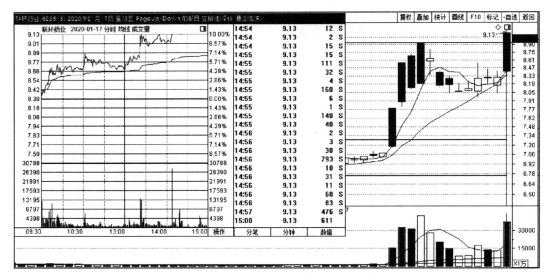

图1－2

## 第二板 2020.1.20 一字板

2020年1月20日,资本迅速出现在了抗流感板块,集合竞价开始,硕世生物、联环药业、鲁抗医药、江苏吴中、达安基因、西陇科学、海王生物、四环生物、太龙药业、神奇制药、莱茵生物、上海凯宝、以岭药业、香雪制药、科华生物、沃华生物、东北制药等17只个股跳空高开,甚至直接涨停板在集合竞价。抗流感热点板块开始启动,抗流感龙头是联环药业,我在微信群中截图提示,如图1—3所示:

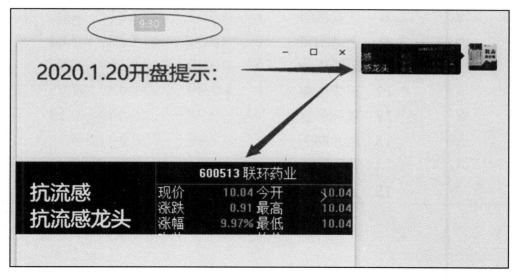

图1-3

当天抗流感板块收盘 15 只个股涨停板，如图 1—4 所示：

| 涨停数↓ | | 抗流感(29) | | 涨幅%↓ | 现价 | 量比 |
|---|---|---|---|---|---|---|
| 15 | 1 | 硕世生物 | K | 20.00 | 78.60 | 0.51 |
| 11 | 2 | 四环生物 | | 10.13 | 4.13 | 0.63 |
| 9 | 3 | 海王生物 | R | 10.11 | 4.03 | 4.29 |
| 8 | 4 | 香雪制药 | R | 10.05 | 9.75 | 2.43 |
| 7 | 5 | 鲁抗医药 | R | 10.04 | 8.55 | 0.28 |
| 6 | 6 | 莱茵生物 | R | 10.04 | 9.10 | 2.70 |
| 6 | 7 | 沃华医药 | | 10.02 | 11.09 | 1.51 |
| 6 | 8 | 达安基因 | R | 10.01 | 12.31 | 4.80 |
| 5 | 9 | 上海凯宝 | R | 10.00 | 5.28 | 7.84 |
| 5 | 10 | 以岭药业 | R | 10.00 | 14.19 | 3.06 |
| 5 | 11 | 科华生物 | R | 9.99 | 13.43 | 1.95 |
| 5 | 12 | 联环药业 | | 9.97 | 10.04 | 0.13 |
| 4 | 13 | 东北制药 | | 9.95 | 8.29 | 4.38 |
| 4 | 14 | 神奇制药 | | 9.94 | 7.85 | 5.43 |
| | 15 | 太龙药业 | R | 9.93 | 4.98 | 6.28 |

2020.1.20

图 1—4

当天抗流感板块涨幅第一，如图 1—5 所示：

| | 行情报价 | 资金驱动力 | 资金博弈 | | | | 2020.1.20 星期一 | | | |
|---|---|---|---|---|---|---|---|---|---|---|
| | 全部板块 | 行业板块 | 概念板块 | 风格板块 | 地区板块 | 统计指数 134/22 | | | | |
| ▼ | 代码 | 名称 | • | 涨幅% | 现价 | 涨跌 | 涨速% | 量比 | 涨跌数 | |
| 1 | 880928 | 抗流感 | • | 5.69 | 1382.80 | 74.39 | 0.12 | 2.41 | 27/1 | |
| 2 | 880952 | 芯片 | • | 3.71 | 1272.88 | 45.54 | 0.16 | 1.01 | 136/31 | |
| 3 | 880963 | 华为概念 | • | 2.94 | 1967.21 | 56.15 | 0.14 | 1.08 | 242/70 | |
| 4 | 880950 | 军民融合 | • | 1.65 | 855.51 | 13.91 | 0.07 | 1.02 | 157/41 | |

图 1—5

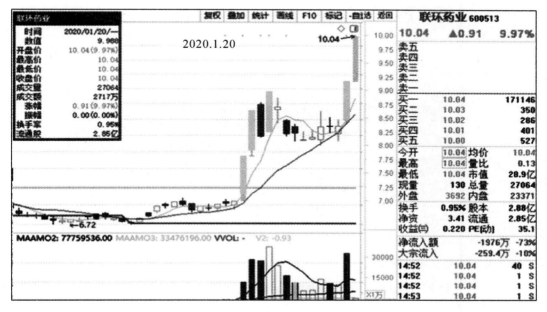

当天联环药业封死第二个涨停板，如图1-6所示：

图 1-6

# 第三板　2020.1.21 继续跳空一字板

2020 年 1 月 21 日星期二，盘前分析时我说"运气好拿到龙头能吃大肉了"，如图 1－7 所示：

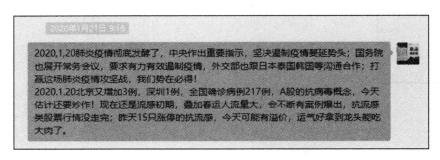

图 1－7

当天，联环药业果然跳空高开一字板，成为三连板了，如图 1－8 所示。

2020 年 1 月 21 日星期二联环药业收盘截图，如图 1－8 所示：

图 1－8

从表 1－1 我们看到主力买进金额大于卖出金额：

表 1－1

【交易日期】2020-01-21 三日涨幅偏离值累计达20%
偏离值:20.68% 成交量:438.65万股 成交金额:4572.06万元

| 买入金额排名前5名营业部 | | |
|---|---|---|
| 营业部名称 | 买入金额(万元) | 卖出金额(万元) |
| 方正证券股份有限公司宁波文昌街证券营业部 | 986.13 | - |
| 华泰证券股份有限公司深圳后海阿里云大厦证券营业部 | 839.62 | - |
| 财通证券股份有限公司绍兴解放大道证券营业部 | 807.22 | - |
| 方正证券股份有限公司上海杨高南路证券营业部 | 696.15 | - |
| 国盛证券有限责任公司上海浦东新区峨山路证券营业部 | 595.06 | - |
| 卖出金额排名前5名营业部 | | |
| 营业部名称 | 买入金额(万元) | 卖出金额(万元) |
| 西藏东方财富证券股份有限公司北京陶然亭路证券营业部 | - | 188.28 |
| 华林证券股份有限公司扬州维扬路证券营业部 | - | 105.40 |
| 平安证券股份有限公司北京分公司 | - | 80.71 |
| 申万宏源证券有限公司金华八一北街证券营业部 | - | 78.16 |
| 国信证券股份有限公司上海北京东路证券营业部 | - | 65.61 |

# 第四板　2020.1.22第三次跳空一字板

2020年1月22日星期三盘前分析，如图1-9所示：

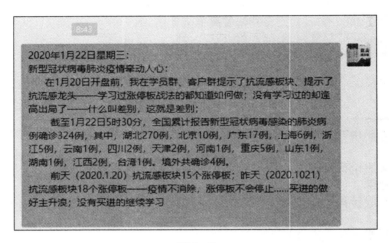

2020年1月22日星期三：

新型冠状病毒肺炎疫情牵动人心：

　　在1月20日开盘前，我在学员群、客户群提示了抗流感板块、提示了抗流感龙头——学习过涨停板战法的都知道如何做；没有学习过的却逢高出局了——什么叫差别，这就是差别；

　　截至1月22日5时30分，全国累计报告新型冠状病毒感染的肺炎病例确诊324例，其中，湖北270例，北京10例，广东17例，上海6例，浙江5例，云南1例，四川2例，天津2例，河南1例，重庆5例，山东1例，湖南1例，江西2例，台湾1例。境外共确诊4例。

　　前天（2020.1.20）抗流感板块15个涨停板，昨天（2020.1021）抗流感板块18个涨停板——疫情不消除，涨停板不会停止……买进的做好主升浪；没有买进的继续学习

图1-9

2020年1月22日星期三联环药业收盘截图，如图1-10所示：

图1-10

当天快马加鞭微信群里读者的留言，如图 1—11 所示：

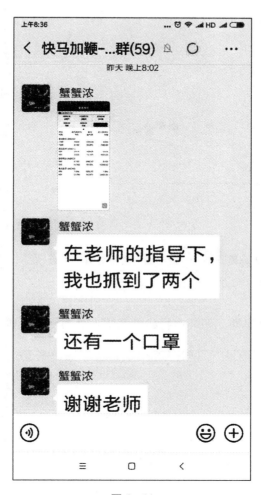

图 1-11

　　1 月 22 日联环药业的助攻股 600789 鲁抗医药、000518 四环生物相继开板，如图 1—12、1—13 所示。

2020年1月17日星期五鲁抗医药收盘截图，如图1—12所示：

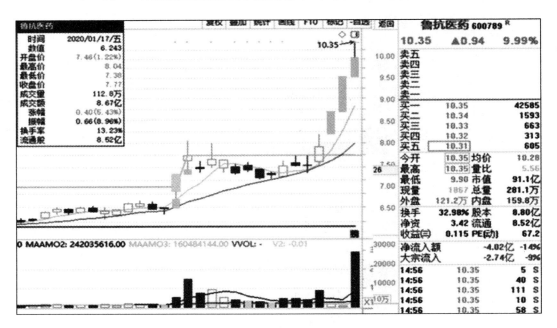

图1—12

2020年1月22日星期三四环生物收盘截图，如图1—13所示：

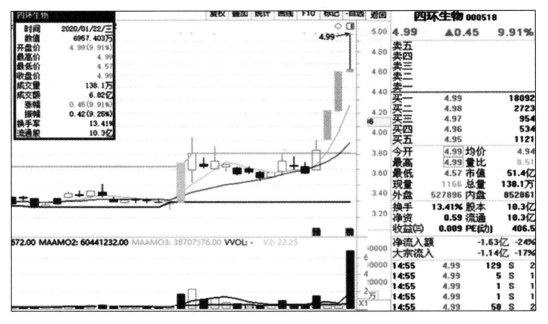

图1—13

## 第五板　2020.1.23 第四次跳空高开 3 分钟后封板

2020 年 1 月 23 日星期四——春节前最后一个交易日，武汉市新冠肺炎疫情防控指挥部发布通告，10 时起，武汉全市城市公交、地铁、轮渡、长途客运暂停运营，机场、火车站离汉通道暂时关闭。

1 月 23 日，联环药业跳空高开 6 个多点，3 分钟后封板，如图 1－14 所示：

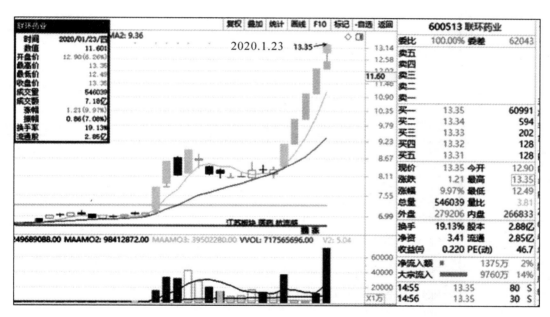

图 1－14

从后文表 1－2 我们看出当天买进金额依然大于卖出金额。

2020 年 1 月 23 日，联环药业连续 5 日涨停（见图 1－15），公司提示风险称，公司主要生产泌尿系统药、抗组胺药和心血管药，用于缓解感冒症状药物及治疗细菌真菌感染的抗生素类药物销售收入金额及占比均极小。

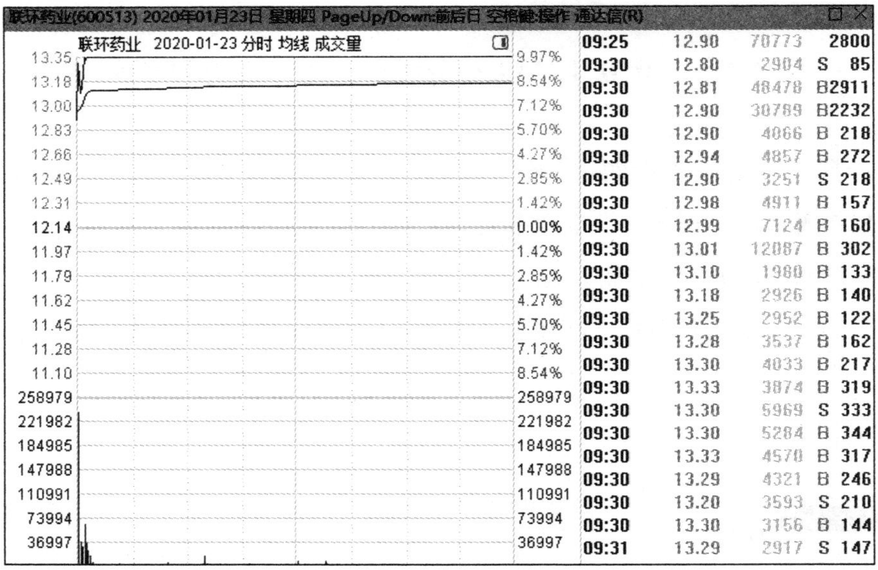

图 1-15

表 1-2

【交易日期】2020-01-23 三日涨幅偏离值累计达20%
偏离值:22.40% 成交量:6438.90万股 成交金额:83635.71万元

| 买入金额排名前5名营业部 | | |
|---|---|---|
| 营业部名称 | 买入金额(万元) | 卖出金额(万元) |
| 财通证券股份有限公司苏州人民路证券营业部 | 2505.96 | - |
| 华泰证券股份有限公司无锡金融一街证券营业部 | 2429.23 | - |
| 华泰证券股份有限公司上海杨浦区国宾路证券营业部 | 1223.64 | - |
| 华泰证券股份有限公司无锡分公司 | 1213.15 | - |
| 万联证券股份有限公司成都分公司 | 1202.00 | - |
| 卖出金额排名前5名营业部 | | |
| 营业部名称 | 买入金额(万元) | 卖出金额(万元) |
| 招商证券股份有限公司沈阳兴工街证券营业部 | - | 1438.23 |
| 万联证券股份有限公司成都分公司 | - | 1270.14 |
| 华宝证券有限责任公司上海西藏中路证券营业部 | - | 1126.86 |
| 华泰证券股份有限公司深圳后海阿里云大厦证券营业部 | - | 1007.43 |
| 国泰君安证券股份有限公司临汾平阳南街证券营业部 | - | 961.08 |

再来看看该板块以下两只股票的走势。

2020 年 1 月 23 日星期四——农历春节前最后一个交易日，鲁抗医药表现如图 1-16 所示：

图 1-16

2020 年 1 月 23 日星期四——农历春节前最后一个交易日，四环生物表现如图 1-17 所示：

图 1-17

当天，沪深股市唯一的红盘是"抗流感"。

2020年1月23日星期四收盘截图（春节前最后一个交易日），如图1-18所示：

| | 代码 | 名称 1.23' | | 涨幅% | 现价 | 涨跌 | 涨速% | 量比 | 涨跌数 |
|---|---|---|---|---|---|---|---|---|---|
| 1 | 880928 | 抗流感 | * | 2.12 | 1450.36 | 30.07 | 0.00 | 1.96 | 23/7 |
| 2 | 880927 | 抗癌 | * | -1.57 | 1698.81 | -27.07 | 0.18 | 1.44 | 15/31 |
| 3 | 880913 | 基因概念 | * | -1.63 | 1945.18 | -32.25 | -0.15 | 1.50 | 10/34 |
| 4 | 880920 | 免疫治疗 | * | -1.79 | 1180.26 | -21.53 | 0.00 | 1.24 | 4/22 |
| 5 | 880516 | ST板块 | * | -1.87 | 840.57 | -16.02 | 0.05 | 1.18 | 30/100 |
| 6 | 880960 | 仿制药 | * | -1.88 | 1038.19 | -19.92 | 0.05 | 1.17 | 9/39 |
| 7 | 880599 | 民营医院 | * | -2.00 | 1424.42 | -29.01 | 0.07 | 1.26 | 10/35 |
| 8 | 880546 | 卫星导航 | * | -2.05 | 1919.13 | -40.13 | -0.07 | 1.28 | 12/38 |

图1-18

2020年1月23日下午，中建三局临危受命，要求参照2003年抗击非典期间北京小汤山医院模式，在武汉职工疗养院建设一座专门医院——武汉蔡甸火神山医院。

2020年1月24日火神山医院建设现场入场挖机95台、推土机33台、压路机5台、自卸车160台，160名管理人员和240名工人集结完毕，并组建起2000人的后备梯队。

24日除夕夜，火神山医院建设现场机器轰鸣，一座小土山被连夜铲平。

1月25日，大年初一，火神山医院正式开工。在设计图纸尚不确定的情况下，建设者们不等不靠，提前进场施工，完成大部分地面平整及碎石铺设、细沙回填。

1月25日，火神山医院建设刚刚起步，武汉市新冠肺炎疫情防控指挥部又紧急召开调度会，决定半个月之内在武汉市江夏区黄家湖再建一所雷神山医院。

1月26日，大年初二，防渗层施工全面展开，地下管网沟槽开挖，集装箱板房材料陆续进场。

1月27日，大年初三，场地整平、碎石黄沙回填全部完成，首批箱式集装箱板房吊装搭建。

图 1-19

1 月 28 日,大年初四,一栋双层病房区钢结构初具规模。

1 月 29 日,大年初五,300 多个箱式板房骨架安装完成,开始同步进行机电管线作业。板房安装完成 20%,水电暖用、机电设备同步作业。

1 月 30 日,大年初六,HDPE 膜铺设全面完成,同步进行污水处理间设备吊装。

1 月 31 日,大年初七,九成集装箱的拼装均已完成,活动板房骨架安装 3000 平方米。

2 月 1 日,大年初八,活动板房全部安装完成,机电安装完成 70%,道路、医疗配套设施施工全面推进,全面展开医疗配套设备安装。

2 月 2 日,大年初九,火神山医院工程完工。

"我一生中从未见过这种动员",世卫组织(WHO)总干事谭德塞在 2020 年 1 月 31 日日内瓦举行的发布会上说,"也许你正在关注的是中国将在 10 天之内建成的一家大医院,但这不是他们正在采取的措施的唯一目标,我相信这些措施将扭转(疫情)趋势。"

总建筑面积 3.39 万平方米的火神山医院,参照 2003 年非典期间北京小汤山医院所建,于 2 月 3 日正式收治新型冠状病毒感染的肺炎患者。军队抽组 1400 人承担火神山医疗任务。

# 第六板 2020.2.3跳空高开一字板封死涨停板

2020年2月3日星期一春节过后第一个交易日，开盘前分析如下：

春节前，抗流感一枝独秀；在1月20日开盘前我就截图告诉了大家"抗流感、抗流感龙头——联环药业"。

春节后，新型冠状病毒感染的肺炎疫情仍然非常严峻，抗流感会继续强势表演；相关产业链口罩与原材料（聚丙烯）也会好于其他板块；其他板块以及大盘将会继续下调……

建议：如果没有持有抗流感相关股票，那就多看少动，耐心等大盘调整结束、向上拐点出现后在操作。

以上分析，仅供参考；买卖自定，盈亏自负！！！

以上分析截图如1－20所示：

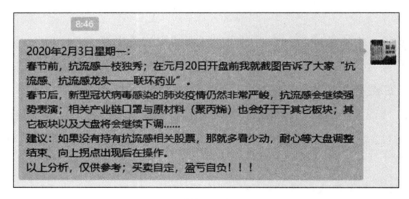

图1－20

2020年2月3日开盘后我们看到四大指数全部跳空低开，中小板指几乎跌停板开盘了，如图1－21所示：

| 行情报价 | 资金驱动力 | 资金博弈 | DDE排名 | 多空阵线 | | | | |
|---|---|---|---|---|---|---|---|---|
| 同步 | 代码 | 名称 | 涨幅% | 现价 | 涨跌 | 买价 | 卖价 | 总量 |
| 1 | 999999 | 上证指数 | -8.73 | 2716.70 | -259.83 | -- | -- | 1317万 |
| 2 | 399001 | 深证成指 | -9.13 | 9706.58 | -975.32 | -- | -- | 1338万 |
| 3 | 399006 | 创业板指 | -8.23 | 1769.16 | -158.58 | -- | -- | 370.0万 |
| 4 | 399005 | 中小板指 | -9.19 | 6393.18 | -647.18 | -- | -- | 550.7万 |

图1－21

2020 年 2 月 3 日盘中点评："市场的热点在哪里，主力就在哪里；主力在哪里，资金就在哪里——离开了热点，离开了主力、离开了资金——就不是炒股；而是炒自己——会把自己炒得焦头烂额。"该点评截图如 1—22 所示：

图 1—22

2020 年 2 月 3 日盘中点评："截至 10:53 抗流感板块 19 个涨停板；而大盘 3776 只个股，红盘的只有 145 只，剩下的一片绿色——什么叫股市，这就是股市——冰火两重天。

股市就是战场，炒股就是战斗——是你死我活的战斗；

盈利了，你就是胜利者；亏损了，你就是失败者；

什么价值投资、什么估值——都是安慰自己、欺骗他人的一些正确的废话——遗憾的是许多正确的废话欺骗了无数善良的股民。"该点评截图如 1—23 所示：

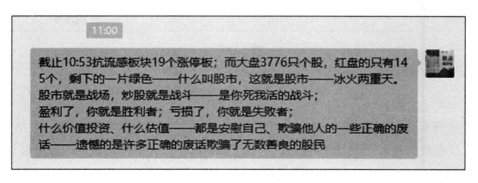

图 1—23

2020 年 2 月 3 日指数全天维持低位盘整，大盘表现萎靡，沪指盘中创 23 年以来最大跌幅，题材概念全线萎靡，口罩、医药等概念持续走强，云办公概念表现活跃，午后跌停个股增加至近 3200 只，两市成交量大减，市场氛围无明显好转。

盘面上看，口罩、医药等概念股逆势走强，个股掀起涨停潮，洁特生物盘中涨逾100%，硕世生物、热景生物涨20%，泰达股份、阳普医疗、南卫股份、鲁抗医药、康芝药业等十余只个股涨停；云办公概念表现活跃，会畅通讯、三五互联涨停，二六三、苏州科达等盘中拉升；高校概念盘中异动，华中数控拉升涨停；券商股全数跌停，板块内个股全部一字跌停。

2020年2月3日星期四收盘截图——抗流感板块，如图1—24所示：

| | 代码 | 名称 | • | 涨幅% | 现价 | 涨跌 | 涨速% | 量比 | 涨跌数 | 涨停数 | | | 抗流感(47) | • | 涨幅%↓ |
|---|---|---|---|---|---|---|---|---|---|---|---|---|---|---|---|
| 1 | 880928 | 抗流感 | • | -0.32 | 1445.71 | -4.65 | 0.12 | 1.54 | 30/17 | 23 | | 1 | 硕世生物 | K | 20.00 |
| 2 | 880927 | 抗癌 | • | -1.85 | 1667.34 | -31.47 | 0.51 | 1.41 | 19/27 | 9 | | 2 | 热景生物 | K | 20.00 |
| 3 | 880960 | 仿制药 | • | -2.34 | 1013.90 | -24.29 | 0.43 | 1.37 | 19/29 | 9 | | 3 | 东北制药 | | 10.06 |
| 4 | 880557 | 生物疫苗 | • | -3.93 | 2631.21 | -107.51 | 0.22 | 1.33 | 6/12 | 3 | | 4 | 江苏吴中 | | 10.04 |
| 5 | 880913 | 基因概念 | • | -3.93 | 1868.71 | -76.47 | 0.05 | 0.92 | 14/30 | 7 | | 5 | 珍宝岛 | R | 10.04 |
| 6 | 880599 | 民营医院 | • | -4.42 | 1361.43 | -62.99 | 0.09 | 1.08 | 10/35 | 4 | | 6 | 联环药业 | | 10.04 |
| 7 | 880516 | ST板块 | • | -4.69 | 801.18 | -39.39 | 0.00 | 0.16 | 3/129 | 2 | | 7 | 神奇制药 | | 10.04 |
| 8 | 880704 | 工业大麻 | • | -5.68 | 699.45 | -42.11 | 0.16 | 1.08 | 13/57 | 7 | | 8 | 康芝药业 | | 10.02 |
| 9 | 880597 | 养老概念 | • | -6.15 | 1117.61 | -73.29 | -0.01 | 0.84 | 5/42 | 3 | | 9 | 科华生物 | R | 10.02 |
| 10 | 880920 | 免疫治疗 | • | -6.26 | 1106.36 | -73.90 | -0.05 | 1.46 | 5/21 | 1 | | 10 | 四环生物 | | 10.02 |
| 11 | 880707 | 透明工厂 | • | -6.37 | 763.81 | -51.93 | 0.00 | 0.69 | 2/22 | 2 | | 11 | 南卫股份 | | 10.02 |
| 12 | 880564 | 奢侈品 | • | -6.48 | 4462.59 | -309.08 | 0.13 | 0.77 | 0/16 | 0 | | 12 | 鲁抗医药 | | 10.01 |
| 13 | 880527 | 泛珠三角 | • | -6.84 | 2807.90 | -206.22 | 0.30 | 1.39 | 2/48 | 0 | | 13 | 香雪制药 | R | 10.00 |
| 14 | 880528 | 环渤海 | • | -6.99 | 1163.08 | -87.38 | 0.75 | 1.20 | 2/49 | 1 | | 14 | 上海凯宝 | | 10.00 |
| 15 | 880929 | 维生素 | • | -6.99 | 1247.49 | -93.76 | 0.14 | 1.31 | 3/14 | 1 | | 15 | 沃华医药 | | 10.00 |
| 16 | 880503 | 皖江区域 | • | -7.07 | 950.63 | -72.31 | 0.07 | 0.71 | 0/64 | 0 | | 16 | 达安基因 | R | 9.99 |
| 17 | 880531 | 武汉规划 | • | -7.15 | 948.72 | -73.04 | 0.00 | 0.63 | 3/36 | 1 | | 17 | 海正药业 | | 9.98 |
| 18 | 880714 | 氟概念 | • | -7.19 | 914.94 | -70.83 | 0.08 | 0.50 | 2/16 | 2 | | 18 | 以岭药业 | | 9.98 |
| 19 | 880572 | 新零售 | • | -7.26 | 1072.91 | -83.95 | 0.38 | 1.06 | 1/44 | 0 | | 19 | 西陇科学 | | 9.97 |
| 20 | 880501 | 含H股 | • | -7.26 | 1262.63 | -98.80 | 0.57 | 1.57 | 2/117 | 1 | | 20 | 太龙药业 | R | 9.96 |
| | | | | | | | | | | | | 21 | 莱茵生物 | R | 9.96 |

图1—24

2020年2月3日星期一，春节后的第一个交易日，沪深两市72个非ST涨停板，其中抗病毒概念股有58个涨停板，口罩概念股有6个涨停板，其他8个涨停板。跌停板高达3200多只。

2020年2月3日春节后第一个交易日72个涨停板之一，如图1—25所示：

今日涨停非ST非新股　　2020年2月3日——春节后第一个交易日：72个涨停板

最优盈亏比 213.56%【持股1天】　最优平均涨幅 2.14%【持股2天】　详情　最大上涨概率57.63%【持股1】详情

| | 代码 | 名称 | 涨幅% | 现价 | 首次涨停... | 连续涨停... | 涨停原因类... | 涨停次数[... | 振幅 |
|---|---|---|---|---|---|---|---|---|---|
| 1 | 300235 | 方直科技 | +10.04 | 14.36 | 09:51:08 | 1 | 在线教育 | 1 | 9.27 |
| 2 | 300578 | 会畅通讯 | +10.00 | 32.89 | 09:30:00 | 1 | 云办公 | 2 | 6.32 |
| 3 | 300051 | 三五互联 | +10.01 | 8.46 | 09:30:00 | 3 | 云办公 | 3 | 1.04 |
| 4 | 300562 | 乐心医疗 | +8.68 | 22.16 | 13:49:25 | 0 | 医疗器械 | 3 | 16.33 |
| 5 | 300039 | 上海凯宝 | +10.00 | 6.71 | 13:03:54 | 1 | 业绩预增 | 3 | 9.67 |
| 6 | 300705 | 九典制药 | +10.00 | 13.75 | 14:52:17 | 1 | 新型病毒防治 | 1 | 10.00 |
| 7 | 300677 | 英科医疗 | +10.00 | 25.97 | 14:06:40 | 1 | 新型病毒防治 | 1 | 11.56 |
| 8 | 300676 | 华大基因 | +10.00 | 87.45 | 09:30:00 | 1 | 新型病毒防治 | 1 | 6.86 |
| 9 | 300654 | 世纪天鸿 | +9.97 | 11.80 | 09:30:00 | 1 | 新型病毒防治 | 1 | 0 |
| 10 | 300642 | 透景生命 | +9.99 | 49.09 | 13:45:22 | 1 | 新型病毒防治 | 1 | 9.16 |
| 11 | 300453 | 三鑫医疗 | +9.97 | 10.81 | 09:30:00 | 3 | 新型病毒防治 | 3 | 7.43 |
| 12 | 300439 | 美康生物 | +9.98 | 13.78 | 09:46:28 | 1 | 新型病毒防治 | 1 | 8.22 |
| 13 | 300363 | 博腾股份 | +10.03 | 17.34 | 09:30:00 | 1 | 新型病毒防治 | 1 | 5.27 |
| 14 | 300204 | 舒泰神 | +10.01 | 12.97 | 09:30:00 | 1 | 新型病毒防治 | 2 | 7.12 |
| 15 | 300199 | 翰宇药业 | +9.97 | 6.29 | 14:20:44 | 1 | 新型病毒防治 | 1 | 10.31 |
| 16 | 300147 | 香雪制药 | +10.00 | 12.43 | 13:37:22 | 1 | 新型病毒防治 | 4 | 12.65 |
| 17 | 300108 | 吉药控股 | +10.06 | 3.83 | 13:16:10 | 1 | 新型病毒防治 | 1 | 9.48 |
| 18 | 002932 | 明德生物 | +10.00 | 45.09 | 10:19:37 | 1 | 新型病毒防治 | 1 | 9.54 |
| 19 | 002838 | 道恩股份 | +10.03 | 12.61 | 09:30:00 | 1 | 新型病毒防治 | 1 | 0 |
| 20 | 002551 | 尚荣医疗 | +10.02 | 5.82 | 09:30:00 | 1 | 新型病毒防治 | 1 | 0 |
| 21 | 002432 | 九安医疗 | +10.07 | 6.23 | 11:30:00 | 1 | 新型病毒防治 | 2 | 10.07 |
| 22 | 002382 | 蓝帆医疗 | +10.00 | 15.51 | 09:30:00 | 1 | 新型病毒防治 | 1 | 0 |
| 23 | 002326 | 永太科技 | +10.03 | 12.72 | 13:03:54 | 1 | 新型病毒防治 | 1 | 20.07 |

图 1—25

2020年2月3日春节后第一个交易日72个涨停板之二，如图1—26所示：

今日涨停非ST非新股

最优盈亏比 213.56%【持股1天】　最优平均涨幅 2.14%【持股2天】　详情　最大上涨概率57.63%【持股1】详情

| | 代码 | 名称 | 涨幅% | 现价 | 首次涨停... | 连续涨停... | 涨停原因类... | 涨停次数[... | 振幅 |
|---|---|---|---|---|---|---|---|---|---|
| 24 | 002223 | 鱼跃医疗 | +10.00 | 26.85 | 09:30:00 | 1 | 新型病毒防治 | 1 | 5.12 |
| 25 | 002214 | 大立科技 | +9.97 | 14.34 | 09:30:00 | 1 | 新型病毒防治 | 1 | 6.44 |
| 26 | 002030 | 达安基因 | +9.99 | 16.40 | 09:30:00 | 1 | 新型病毒防治 | 3 | 0 |
| 27 | 000788 | 北大医药 | +9.96 | 8.06 | 14:42:53 | 1 | 新型病毒防治 | 1 | 13.78 |
| 28 | 000705 | 浙江震元 | +10.00 | 8.23 | 13:53:34 | 1 | 新型病毒防治 | 1 | 10.00 |
| 29 | 688068 | 热景生物 | +20.00 | 85.50 | 13:33:33 | 1 | 新型病毒防治 | 1 | 17.54 |
| 30 | 603726 | 朗迪集团 | +10.03 | 12.94 | 14:52:17 | 1 | 新型病毒防治 | 1 | 18.20 |
| 31 | 603669 | 灵康药业 | +10.05 | 8.54 | 13:16:10 | 1 | 新型病毒防治 | 1 | 9.79 |
| 32 | 603567 | 珍宝岛 | +10.04 | 13.92 | 09:30:00 | 1 | 新型病毒防治 | 1 | 7.27 |
| 33 | 603238 | 诺邦股份 | +10.02 | 21.97 | 09:30:00 | 1 | 新型病毒防治 | 1 | 6.74 |
| 34 | 600833 | 第一医药 | +10.01 | 10.77 | 10:19:37 | 1 | 新型病毒防治 | 1 | 6.74 |
| 35 | 600829 | 人民同泰 | +9.94 | 7.85 | 09:30:00 | 1 | 新型病毒防治 | 1 | 0 |
| 36 | 600789 | 鲁抗医药 | +10.01 | 12.53 | 09:30:00 | 5 | 新型病毒防治 | 5 | 0 |
| 37 | 600713 | 南京医药 | +9.96 | 4.97 | 14:47:23 | 1 | 新型病毒防治 | 1 | 18.81 |
| 38 | 600664 | 哈药股份 | +10.12 | 4.46 | 09:30:00 | 1 | 新型病毒防治 | 1 | 0 |
| 39 | 600587 | 新华医疗 | +9.99 | 18.50 | 09:30:00 | 1 | 新型病毒防治 | 1 | 9.87 |
| 40 | 600488 | 天药股份 | +10.11 | 5.12 | 14:25:08 | 1 | 新型病毒防治 | 1 | 15.48 |
| 41 | 600267 | 海正药业 | +9.98 | 12.67 | 09:30:00 | 1 | 新型病毒防治 | 2 | 12.67 |
| 42 | 600222 | 太龙药业 | +9.96 | 6.07 | 09:30:00 | 1 | 新型病毒防治 | 3 | 0 |
| 43 | 600056 | 中国医药 | +9.98 | 14.65 | 10:49:17 | 1 | 新型病毒防治 | 1 | 4.88 |
| 44 | 000698 | 沈阳化工 | +10.11 | 3.92 | 10:44:23 | 1 | 消毒液 | 1 | 10.39 |
| 45 | 002022 | 科华生物 | +10.02 | 17.79 | 09:32:02 | 2 | 体外诊断 | 3 | 9.83 |
| 46 | 688399 | 硕世生物 | +20.00 | 117.48 | 13:41:22 | 1 | 流感 | 2 | 18.91 |

图 1—26

2020 年 2 月 3 日春节后第一个交易日 72 个涨停板之三，如图 1－27 所示：

| | 代码 | 名称 | 涨幅% | 现价 | 首次涨停... | 连续涨停... | 涨停原因类... | 涨停次数[... | 振幅 |
|---|---|---|---|---|---|---|---|---|---|
| 47 | 002950 | 奥美医疗 | +9.99 | 37.75 | 09:30:00 | 4 | 口罩 | 4 | 0 |
| 48 | 002341 | 新纶科技 | +10.00 | 7.04 | 11:02:09 | 1 | 口罩 | 1 | 10.00 |
| 49 | 000652 | 泰达股份 | +10.04 | 5.59 | 09:30:00 | 2 | 口罩 | 4 | 0 |
| 50 | 000650 | 仁和药业 | +10.03 | 7.90 | 10:44:23 | 1 | 口罩 | 2 | 9.75 |
| 51 | 603880 | 南卫股份 | +10.02 | 14.28 | 09:30:00 | 2 | 口罩 | 3 | 0 |
| 52 | 600527 | 江南高纤 | +9.89 | 3.11 | 09:30:00 | 1 | 口罩 | 3 | 0 |
| 53 | 300161 | 华中数控 | +10.02 | 16.91 | 13:37:22 | 1 | 抗病毒概念 | 1 | 18.93 |
| 54 | 300086 | 康芝药业 | +10.02 | 5.71 | 10:11:44 | 1 | 抗病毒概念 | 2 | 13.10 |
| 55 | 300030 | 阳普医疗 | +10.04 | 9.43 | 09:30:00 | 2 | 抗病毒概念 | 3 | 0 |
| 56 | 300026 | 红日药业 | +9.95 | 4.42 | 09:30:00 | 1 | 抗病毒概念 | 1 | 10.20 |
| 57 | 002603 | 以岭药业 | +9.98 | 17.85 | 09:30:00 | 1 | 抗病毒概念 | 3 | 6.16 |
| 58 | 002584 | 西陇科学 | +9.97 | 7.06 | 09:30:00 | 2 | 抗病毒概念 | 4 | 0 |
| 59 | 002581 | 未名医药 | +9.96 | 8.94 | 09:30:00 | 1 | 抗病毒概念 | 1 | 9.84 |
| 60 | 002349 | 精华制药 | +10.04 | 5.37 | 09:30:00 | 1 | 抗病毒概念 | 2 | 0 |
| 61 | 002219 | 恒康医疗 | +10.13 | 2.50 | 11:02:09 | 1 | 抗病毒概念 | 2 | 16.74 |
| 62 | 002166 | 莱茵生物 | +9.96 | 11.92 | 10:58:01 | 1 | 抗病毒概念 | 3 | 9.41 |
| 63 | 000955 | 欣龙控股 | +9.99 | 8.04 | 09:30:00 | 1 | 抗病毒概念 | 2 | 9.44 |
| 64 | 000597 | 东北制药 | +10.06 | 9.85 | 09:59:16 | 1 | 抗病毒概念 | 3 | 7.26 |
| 65 | 000518 | 四环生物 | +10.02 | 6.04 | 09:30:00 | 5 | 抗病毒概念 | 5 | 8.01 |
| 66 | 000078 | 海王生物 | +9.96 | 5.30 | 09:30:00 | 2 | 抗病毒概念 | 4 | 0 |
| 67 | 603301 | 振德医疗 | +9.99 | 33.13 | 09:30:00 | 2 | 抗病毒概念 | 4 | 0 |
| 68 | 601718 | 际华集团 | +10.05 | 4.05 | 11:10:19 | 1 | 抗病毒概念 | 2 | 6.52 |
| 69 | 600630 | 龙头股份 | +10.00 | 9.90 | 10:39:57 | 1 | 抗病毒概念 | 3 | 8.67 |

图 1－27

2020 年 2 月 3 日春节后第一个交易日 72 个涨停板之四，如图 1－28 所示：

| 70 | 600613 | 神奇制药 | +10.04 | 9.43 | 10:44:23 | | 1 | 抗病毒概念 | | 3 | 15.52 |
|---|---|---|---|---|---|---|---|---|---|---|---|
| 71 | 600513 | 联环药业 | +10.04 | 14.69 | 09:30:00 | | 6 | 抗病毒概念 | | 6 | 0 |
| 72 | 600200 | 江苏吴中 | +10.04 | 8.11 | 09:30:00 | | 4 | 抗病毒概念 | | 4 | 10.04 |

图 1－28

2020 年 2 月 3 日星期一，联环药业集合竞价数据如图 1－29 所示：

| | | | 600513 联环药业 | | |
|---|---|---|---|---|---|
| 卖十 | | | 现价 | 今开 | |
| 卖九 | | | 涨跌 | 1.34 最高 | |
| 卖八 | | | 涨幅 | 10.04% 最低 | |
| 卖七 | | | 昨收 | 13.35 均价 | 13.35 |
| 卖六 | | | 振幅 | 0.00% 量比 | 11.53 |
| 卖五 | | | 总量 | 0 总额 | 0.0 |
| 卖四 | | | 总笔 | — 每笔 | — |
| 卖三 | | | 外盘 | 0 内盘 | 0 |
| 卖二 | | | | | |
| 卖一 | 14.69 | 10580 | | | |
| 买一 | 14.69 | 10580 | 涨停 | 14.69 跌停 | 12.02 |
| 买二 | | 126741 | 资产 | 15.6亿 市值 | 38.5亿 |
| 买三 | | | 净资 | 3.41 股本 | 2.88亿 |
| 买四 | | | 换手 | 0.00% 流通 | 2.85亿 |
| 买五 | | | 换手Z | 0.00% 流通Z | 1.80亿 |
| 买六 | | | 收益(三) | 0.220 PE(动) | 46.7 |
| 买七 | | | ☯ 逐笔还原 | | ▼ |
| 买八 | | | | | |
| 买九 | | | | | |

图 1－29

2020 年 2 月 3 日星期一，联环药业开盘数据如图 1－30 所示：

| | | | 600513 联环药业 | | |
|---|---|---|---|---|---|
| 卖十 | | | 现价 | 14.69 今开 | 14.69 |
| 卖九 | | | 涨跌 | 1.34 最高 | 14.69 |
| 卖八 | | | 涨幅 | 10.04% 最低 | 14.69 |
| 卖七 | | | 昨收 | 13.35 均价 | 14.69 |
| 卖六 | | | 振幅 | 0.00% 量比 | 15.05 |
| 卖五 | | | 总量 | 13820 总额 | 2030万 |
| 卖四 | | | 总笔 | 310 每笔 | 44.6 |
| 卖三 | | | 外盘 | 6910 内盘 | 6910 |
| 卖二 | | | | | |
| 卖一 | | | | | |
| 买一 | 14.69 | 129844 | 涨停 | 14.69 跌停 | 12.02 |
| 买二 | 14.68 | 2984 | 资产 | 15.6亿 市值 | 42.3亿 |
| 买三 | 14.67 | 360 | 净资 | 3.41 股本 | 2.88亿 |
| 买四 | 14.66 | 426 | 换手 | 0.48% 流通 | 2.85亿 |
| 买五 | 14.65 | 59 | 换手Z | 0.77% 流通Z | 1.80亿 |
| 买六 | 14.62 | 1 | 收益(三) | 0.220 PE(动) | 51.4 |
| 买七 | 14.61 | 8 | | | |
| 买八 | 14.60 | 304 | 09:25 | 14.69 13820 | 310 |
| 买九 | 14.59 | 30 | | | |

图 1－30

2020 年 2 月 3 日，联环药业跳空高开，一字板封死涨停板直到收盘，如图 1－31 所示：

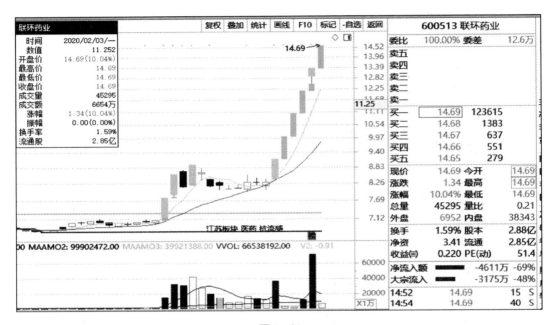

图 1－31

2020 年 2 月 3 日星期一，同一板块的鲁抗医药集合竞价数据如图 1－32 所示：

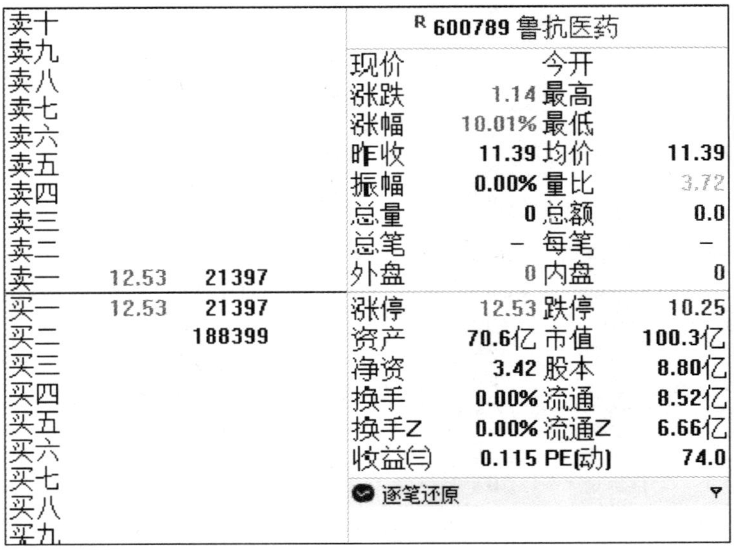

图 1－32

2020 年 2 月 3 日星期一，鲁抗医药开盘数据如图 1－33 所示：

| 卖十 | | |
|---|---|---|
| 卖九 | | |
| 卖八 | | |
| 卖七 | | |
| 卖六 | | |
| 卖五 | | |
| 卖四 | | |
| 卖三 | | |
| 卖二 | | |
| 卖一 | | |
| 买一 | 12.53 | 181202 |
| 买二 | 12.52 | 1774 |
| 买三 | 12.51 | 132 |
| 买四 | 12.50 | 1812 |
| 买五 | 12.49 | 160 |
| 买六 | 12.48 | 75 |
| 买七 | 12.46 | 50 |
| 买八 | 12.45 | 106 |
| 买九 | 12.44 | 48 |

R 600789 鲁抗医药

| 现价 | 12.53 | 今开 | 12.53 |
|---|---|---|---|
| 涨跌 | 1.14 | 最高 | 12.53 |
| 涨幅 | 10.01% | 最低 | 12.53 |
| 昨收 | 11.39 | 均价 | 12.53 |
| 振幅 | 0.00% | 量比 | 6.86 |
| 总量 | 39465 | 总额 | 4945万 |
| 总笔 | 1557 | 每笔 | 25.3 |
| 外盘 | 19732 | 内盘 | 19733 |
| 涨停 | 12.53 | 跌停 | 10.25 |
| 资产 | 70.6亿 | 市值 | 110.3亿 |
| 净资 | 3.42 | 股本 | 8.80亿 |
| 换手 | 0.46% | 流通 | 8.52亿 |
| 换手Z | 0.59% | 流通Z | 6.66亿 |
| 收益(三) | 0.115 | PE(动) | 81.4 |
| 09:25 | 12.53 | 39465 | 1557 |

图 1－33

2020 年 2 月 3 日，鲁抗医药跳空高开一字板封死涨停板直到收盘，如图 1－34 所示：

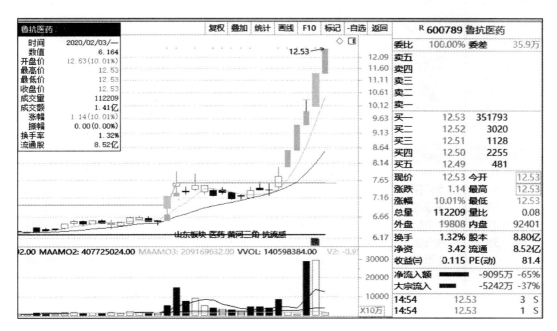

图 1－34

此外，2020年2月3日，四环生物跳空高开后T字板封死涨停板直到收盘，如图1－35所示：

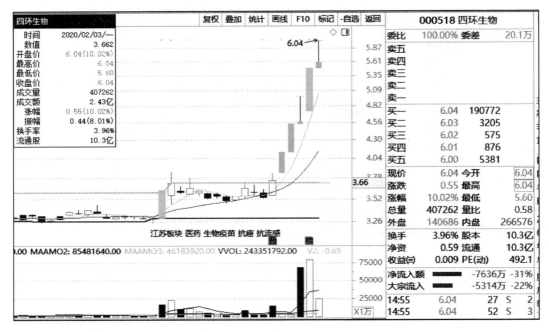

图1－35

2020年2月3日收盘四大指数及上证50全部阴线大跌，如图1－36所示：

| | 代码 | 名称 | • | 涨幅% | 现价 | 涨跌 | 买价 | 卖价 | 总量 |
|---|---|---|---|---|---|---|---|---|---|
| 1 | 999999 | 上证指数 | | -7.72 | 2746.61 | -229.92 | -- | -- | 2.16亿 |
| 2 | 399001 | 深证成指 | | -8.45 | 9779.67 | -902.23 | -- | -- | 1.95亿 |
| 3 | 399005 | 中小板指 | | -8.62 | 6433.43 | -606.93 | -- | -- | 8251万 |
| 4 | 399006 | 创业板指 | | -6.85 | 1795.77 | -131.97 | -- | -- | 5502万 |
| 5 | 000016 | 上证50 | | -7.00 | 2727.09 | -205.40 | -- | -- | 5861万 |

图1－36

2020 年 2 月 3 日星期一收盘截图——上证指数，如图 1－37 所示：

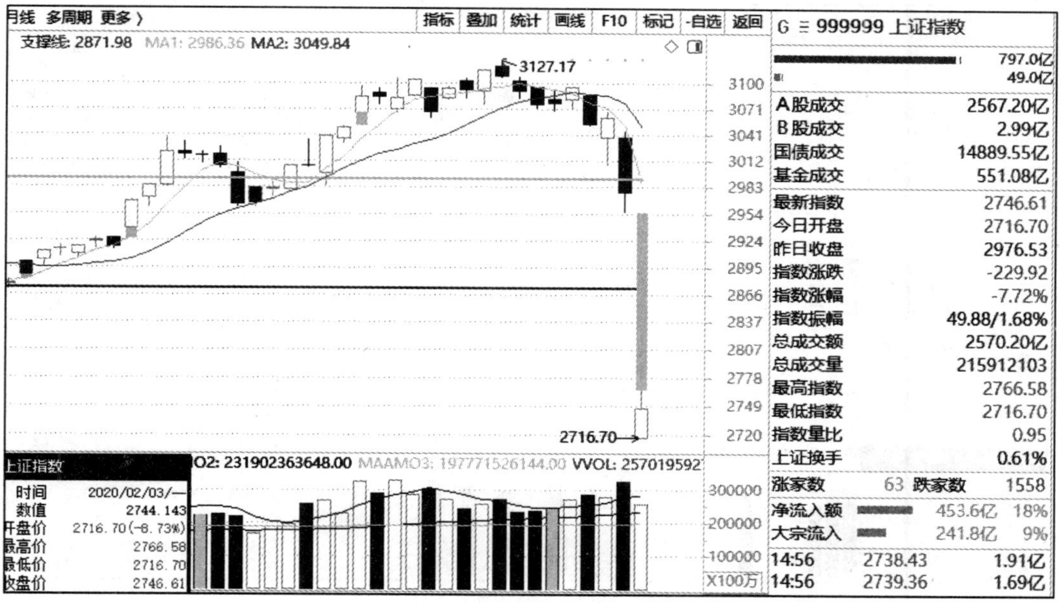

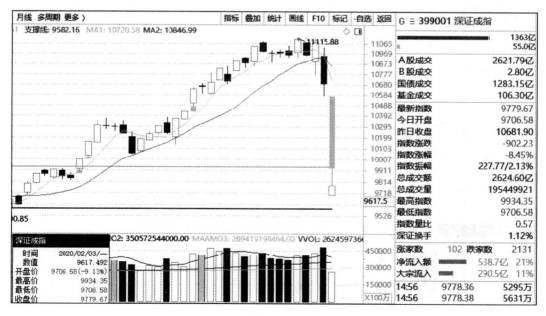

图 1－37

2020 年 2 月 3 日星期一收盘截图——深证成指，如图 1－38 所示：

图 1－38

2020 年 2 月 3 日星期一收盘截图——中小板指，如图 1—39 所示：

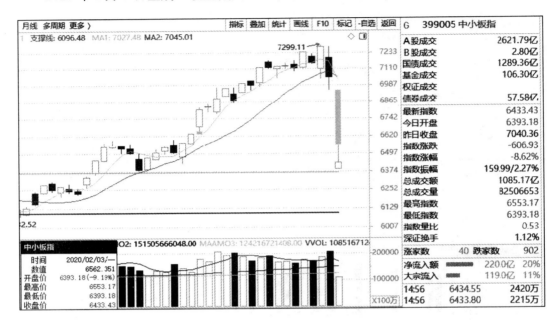

图 1—39

2020 年 2 月 3 日星期一收盘截图——创业板指，如图 1—40 所示：

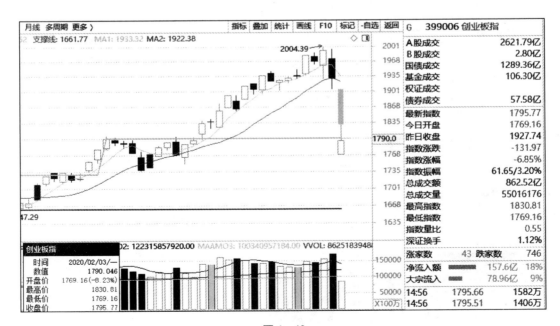

图 1—40

# 第七板　2020.2.4跳空高开7分钟后封板

2020年2月4日星期二盘前分析如下：

昨天（2020年2月3日）A股市场上演了一场冰火两重天的大戏，一方面是3000只个股飞流直下纷纷跌停；另一方面是逆势逞强的"抗流感"（抗病毒概念股有58个涨停板，口罩概念股有6个涨停板）。在龙头"三剑客"联环药业、鲁抗医药、四环生物的带领下，抗流感板块阵容在向纵横扩展。它预示了中国新冠肺炎战役的胜利是必然的！

紧紧盯住龙头联环药业，只要龙头在涨、抗流感概念就不会偃旗息鼓；如果龙头出现滞涨或者不再涨停，抑或收阴——就应获利了结（当然不包括板块之内换龙头）。个人分析，仅供参考；买卖自定，盈亏自负。

抗流感板块的逆势逞强再一次证实了"涨停板战法"可以穿越牛熊，在牛市里会锦上添花，在熊市里独领风骚！

最后送你一句话：如果你不能从涨停板上赢得大利，也就不会在股市里赢得大利！该分析截图如1-41所示：

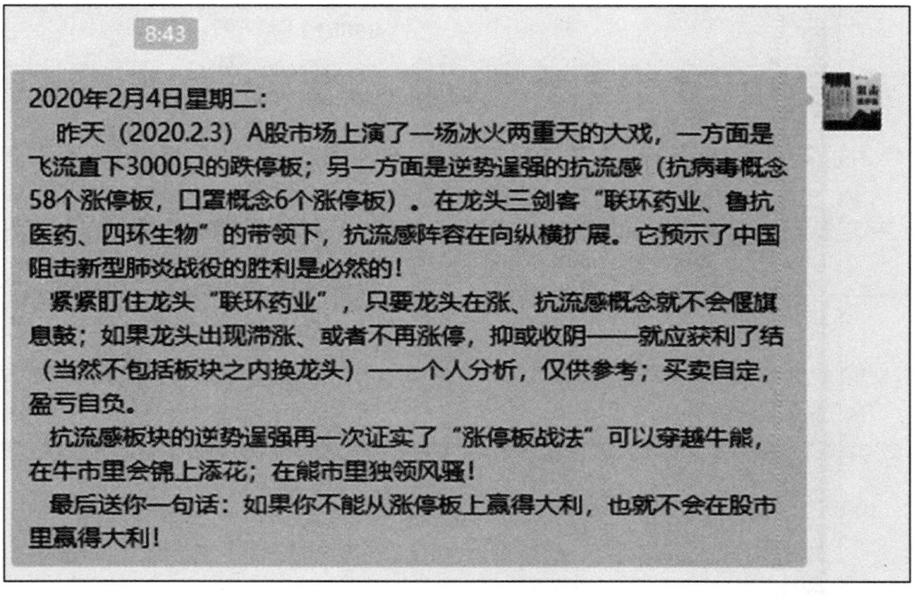

8:43

2020年2月4日星期二：
　　昨天（2020.2.3）A股市场上演了一场冰火两重天的大戏，一方面是飞流直下3000只的跌停板；另一方面是逆势逞强的抗流感（抗病毒概念58个涨停板，口罩概念6个涨停板）。在龙头三剑客"联环药业、鲁抗医药、四环生物"的带领下，抗流感阵容在向纵横扩展。它预示了中国阻击新型肺炎战役的胜利是必然的！
　　紧紧盯住龙头"联环药业"，只要龙头在涨、抗流感概念就不会偃旗息鼓；如果龙头出现滞涨、或者不再涨停，抑或收阴——就应获利了结（当然不包括板块之内换龙头）——个人分析，仅供参考；买卖自定，盈亏自负。
　　抗流感板块的逆势逞强再一次证实了"涨停板战法"可以穿越牛熊，在牛市里会锦上添花；在熊市里独领风骚！
　　最后送你一句话：如果你不能从涨停板上赢得大利，也就不会在股市里赢得大利！

图1-41

2020 年 2 月 4 日星期二联环药业集合竞价数据截图，见图 1－42：

| 卖十 | | |
|---|---|---|
| 卖九 | | |
| 卖八 | | |
| 卖七 | | |
| 卖六 | | |
| 卖五 | | |
| 卖四 | | |
| 卖三 | | 14389 |
| 卖二 | 16.16 | 51062 |
| 卖一 | 16.16 | 51062 |

**600513 联环药业**

| | | | |
|---|---|---|---|
| 现价 | | 今开 | |
| 涨跌 | 1.47 | 最高 | |
| 涨幅 | 10.01% | 最低 | |
| 昨收 | 14.69 | 均价 | 14.69 |
| 振幅 | 0.00% | 量比 | 83.57 |
| 总量 | 0 | 总额 | 0.0 |
| 总笔 | - | 每笔 | - |
| 外盘 | 0 | 内盘 | 0 |
| 涨停 | 16.16 | 跌停 | 13.22 |
| 资产 | 15.6亿 | 市值 | 42.3亿 |
| 净资 | 3.41 | 股本 | 2.88亿 |
| 换手 | 0.00% | 流通 | 2.85亿 |
| 换手Z | 0.00% | 流通Z | 1.80亿 |
| 收益(三) | 0.220 | PE(动) | 51.4 |

图 1－42

2020 年 2 月 4 日星期二联环药业开盘数据截图，见图 1－43：

| 卖十 | 15.43± | 38 |
|---|---|---|
| 卖九 | 15.42 | 28 |
| 卖八 | 15.41 | 1 |
| 卖七 | 15.40 | 968 |
| 卖六 | 15.38 | 876 |
| 卖五 | 15.36 | 200 |
| 卖四 | 15.35 | 9 |
| 卖三 | 15.32 | 283 |
| 卖二 | 15.30 | 408 |
| 卖一 | 15.28 | 939 |
| 买一 | 15.22 | 14 |
| 买二 | 15.21 | 50 |
| 买三 | 15.20 | 182 |
| 买四 | 15.19 | 3 |
| 买五 | 15.18 | 220 |
| 买六 | 15.16 | 247 |
| 买七 | 15.15 | 31 |
| 买八 | 15.13 | 141 |
| 买九 | 15.12 | 6 |
| 买十 | 15.11± | 365 |

**600513 联环药业**

| | | | |
|---|---|---|---|
| 现价 | 15.28 | 今开 | 15.28 |
| 涨跌 | 0.59 | 最高 | 15.28 |
| 涨幅 | 4.02% | 最低 | 15.28 |
| 昨收 | 14.69 | 均价 | 15.28 |
| 振幅 | 0.00% | 量比 | 103.81 |
| 总量 | 63425 | 总额 | 9691万 |
| 总笔 | 3700 | 每笔 | 17.1 |
| 外盘 | 31712 | 内盘 | 31713 |
| 涨停 | 16.16 | 跌停 | 13.22 |
| 资产 | 15.6亿 | 市值 | 44.0亿 |
| 净资 | 3.41 | 股本 | 2.88亿 |
| 换手 | 2.22% | 流通 | 2.85亿 |
| 换手Z | 3.53% | 流通Z | 1.80亿 |
| 收益(三) | 0.220 | PE(动) | 53.4 |
| 09:25 | 15.28 | 63425 | 3700 |

图 1－43

2020 年 2 月 4 日星期二联环药业收盘时 K 线截图，如图 1－44 所示：

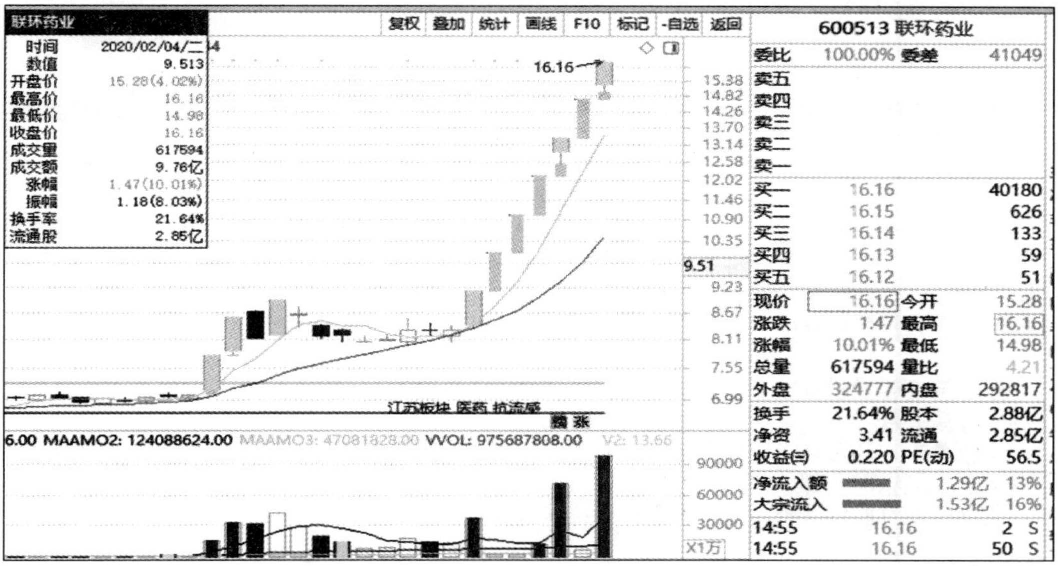

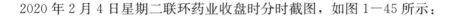

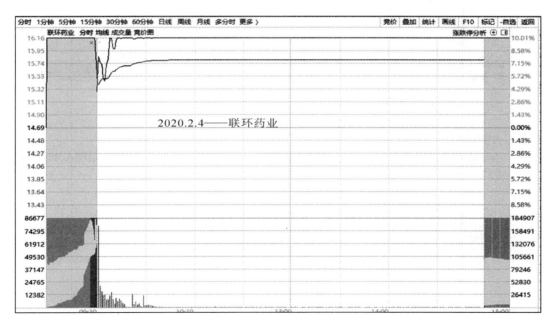

图 1－44

2020 年 2 月 4 日星期二联环药业收盘时分时截图，如图 1－45 所示：

图 1－45

从表1－3看出，当天卖出金额大于买进金额，游资的博弈已经白热化。

表 1－3

【交易日期】2020-02-04 三日涨幅偏离值累计达20%
偏离值:26.43% 成交量:6628.89万股 成交金额:104222.60万元

| 买入金额排名前5名营业部 | | |
|---|---|---|
| 营业部名称 | 买入金额(万元) | 卖出金额(万元) |
| 华泰证券股份有限公司上海共和新路证券营业部 | 1522.88 | － |
| 华泰证券股份有限公司上海普陀区江宁路证券营业部 | 1513.14 | － |
| 西藏东方财富证券股份有限公司拉萨团结路第二证券营业部 | 1333.62 | － |
| 海通证券股份有限公司上海玉田支路证券营业部 | 1285.72 | － |
| 西藏东方财富证券股份有限公司拉萨东环路第二证券营业部 | 1156.56 | － |
| 卖出金额排名前5名营业部 | | |
| 营业部名称 | 买入金额(万元) | 卖出金额(万元) |
| 华泰证券股份有限公司无锡金融一街证券营业部 | － | 3230.13 |
| 财通证券股份有限公司苏州人民路证券营业部 | － | 2936.57 |
| 中信证券股份有限公司天津大港证券营业部 | － | 2589.54 |
| 华泰证券股份有限公司上海普陀区江宁路证券营业部 | － | 1778.53 |
| 华宝证券有限责任公司上海西藏中路证券营业部 | － | 1664.48 |

2020 年 2 月 4 日星期二鲁抗医药集合竞价数据，如图 1－46 所示：

| | | | R 600789 鲁抗医药 | | |
|---|---|---|---|---|---|
| 卖十 | | | | | |
| 卖九 | | | 现价 | 今开 | |
| 卖八 | | | 涨跌 | 1.25 最高 | |
| 卖七 | | | 涨幅 | 9.98% 最低 | |
| 卖六 | | | 昨收 | 12.53 均价 | 12.53 |
| 卖五 | | | 振幅 | 0.00% 量比 | 11.13 |
| 卖四 | | | 总量 | 0 总额 | 0.0 |
| 卖三 | | | 总笔 | － 每笔 | － |
| 卖一 | 13.78 | 54561 | 外盘 | 0 内盘 | 0 |
| 买一 | 13.78 | 54561 | 涨停 | 13.78 跌停 | 11.28 |
| 买二 | | 72073 | 资产 | 70.6亿 市值 | 110.3亿 |
| 买三 | | | 净资 | 3.42 股本 | 8.80亿 |
| 买四 | | | 换手 | 0.00% 流通 | 8.52亿 |
| 买五 | | | 换手Z | 0.00% 流通Z | 6.66亿 |
| 买六 | | | 收益(三) | 0.115 PE(动) | 81.4 |
| 买七 | | | | | |

图 1－46

2020 年 2 月 4 日星期二鲁抗医药开盘数据，如图 1－47 所示：

| | | | R 600789 鲁抗医药 | | |
|---|---|---|---|---|---|
| 卖十 | | | | | |
| 卖九 | | | 现价 | 13.72 今开 | 13.72 |
| 卖八 | | | 涨跌 | 1.19 最高 | 13.72 |
| 卖七 | 13.78 | 66078 | 涨幅 | 9.50% 最低 | 13.72 |
| 卖六 | 13.77 · | 13003 | 昨收 | 12.53 均价 | 13.72 |
| 卖五 | 13.76 | 7585 | 振幅 | 0.00% 量比 | 27.45 |
| 卖四 | 13.75 | 16645 | 总量 | 134575 总额 | 1.85亿 |
| 卖三 | 13.74 | 1426 | 总笔 | 7363 每笔 | 18.3 |
| 卖一 | 13.73 | 134 | 外盘 | 67287 内盘 | 67288 |
| 卖一 | 13.72 | 4279 | | | |
| 买一 | 13.71 | 3 | 涨停 | 13.78 跌停 | 11.28 |
| 买二 | 13.70 | 287 | 资产 | 70.6亿 市值 | 120.8亿 |
| 买三 | 13.68 | 24 | 净资 | 3.42 股本 | 8.80亿 |
| 买四 | 13.67 | 24 | 换手 | 1.58% 流通 | 8.52亿 |
| 买五 | 13.66 | 35 | 换手Z | 2.02% 流通Z | 6.66亿 |
| 买六 | 13.63 | 8 | 收益(三) | 0.115 PE(动) | 89.1 |
| 买七 | 13.62 | 16 | 09:25 | 13.72 134575 | 7363 |
| 买八 | 13.60 | 130 | | | |
| 买九 | 13.59 | 26 | | | |
| 买十 | 13.58 · | 6 | | | |

图 1－47

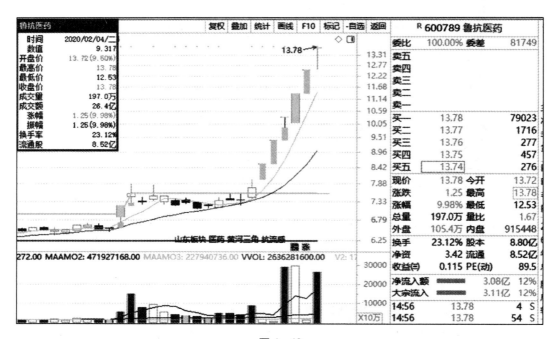

2020年2月4日星期二鲁抗医药收盘截图，如图1－48所示：

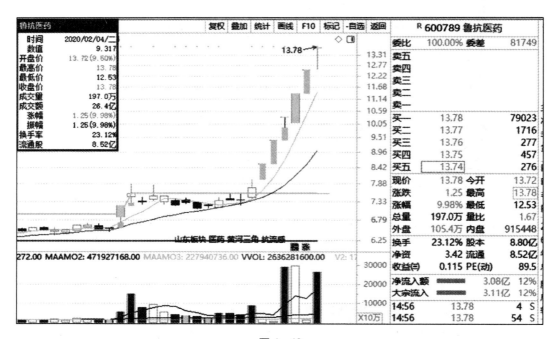

图 1－48

从图1－49可见，微信群中的读者高兴地感谢道：

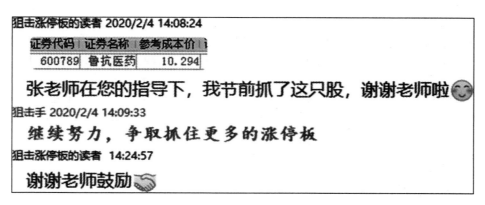

图 1－49

2020 年 2 月 4 日星期二四环生物集合竞价数据截图，如图 1－50 所示：

| | | | 000518 四环生物 | | | |
|---|---|---|---|---|---|---|
| 卖十 | | | | | | |
| 卖九 | | | 现价 | | 今开 | |
| 卖八 | | | 涨跌 | 0.60 | 最高 | |
| 卖七 | | | 涨幅 | 9.93% | 最低 | |
| 卖六 | | | 昨收 | 6.04 | 均价 | 6.04 |
| 卖五 | | | 振幅 | 0.00% | 量比 | 14.43 |
| 卖四 | | | 总量 | 0 | 总额 | 0.0 |
| 卖三 | | | 总笔 | － | 每笔 | － |
| 卖二 | | | 外盘 | 0 | 内盘 | 0 |
| 卖一 | 6.64 | 42021 | | | | |
| 买一 | 6.64 | 42021 | 涨停 | 6.64 | 跌停 | 5.44 |
| 买二 | | 15800 | 资产 | 8.95亿 | 市值 | 62.2亿 |
| 买三 | | | 净资 | 0.59 | 股本 | 10.3亿 |
| 买四 | | | 换手 | 0.00% | 流通 | 10.3亿 |
| 买五 | | | 换手Z | 0.00% | 流通Z | 7.97亿 |
| 买六 | | | 收益(三) | 0.009 | PE[动] | 492.1 |
| 买七 | | | | | | |
| 买八 | | | | | | |

图 1－50

2020 年 2 月 4 日星期二四环生物开盘数据截图，如图 1－51 所示：

| | | | 000518 四环生物 | | | |
|---|---|---|---|---|---|---|
| 卖十 | | | | | | |
| 卖九 | | | 现价 | 6.64 | 今开 | 6.64 |
| 卖八 | | | 涨跌 | 0.60 | 最高 | 6.64 |
| 卖七 | | | 涨幅 | 9.93% | 最低 | 6.64 |
| 卖六 | | | 昨收 | 6.04 | 均价 | 6.64 |
| 卖五 | | | 振幅 | 0.00% | 量比 | 20.89 |
| 卖四 | | | 总量 | 60844 | 总额 | 4040万 |
| 卖三 | | | 总笔 | 2890 | 每笔 | 21.1 |
| 卖二 | | | 外盘 | 30422 | 内盘 | 30422 |
| 卖一 | 6.64 | 21956 | | | | |
| 买一 | 6.63 | 301 | 涨停 | 6.64 | 跌停 | 5.44 |
| 买二 | 6.62 | 235 | 资产 | 8.95亿 | 市值 | 68.4亿 |
| 买三 | 6.61 | 73 | 净资 | 0.59 | 股本 | 10.3亿 |
| 买四 | 6.60 | 1086 | 换手 | 0.59% | 流通 | 10.3亿 |
| 买五 | 6.59 | 13 | 换手Z | 0.76% | 流通Z | 7.97亿 |
| 买六 | 6.58 | 66 | 收益(三) | 0.009 | PE[动] | 541.0 |
| 买七 | 6.57 | 35 | | | | |
| 买八 | 6.56 | 126 | 09:25 | 6.64 | 60844 | 2890 |
| 买九 | 6.55 | 33 | | | | |
| 买十 | 6.54 | 24 | | | | |

图 1－51

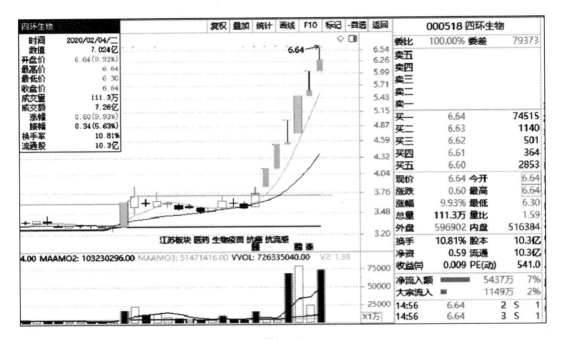

2020 年 2 月 4 日星期二四环生物收盘截图，如图 1－52 所示：

图 1－52

2020 年 2 月 4 日星期二收盘点评，如图 1－53 所示：

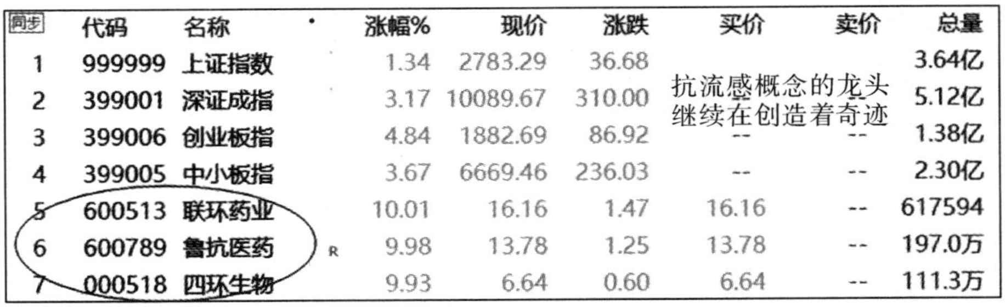

| 同步 | 代码 | 名称 | · | 涨幅% | 现价 | 涨跌 | 买价 | 卖价 | 总量 |
|---|---|---|---|---|---|---|---|---|---|
| 1 | 999999 | 上证指数 | | 1.34 | 2783.29 | 36.68 | | | 3.64亿 |
| 2 | 399001 | 深证成指 | | 3.17 | 10089.67 | 310.00 | | | 5.12亿 |
| 3 | 399006 | 创业板指 | | 4.84 | 1882.69 | 86.92 | | | 1.38亿 |
| 4 | 399005 | 中小板指 | | 3.67 | 6669.46 | 236.03 | -- | -- | 2.30亿 |
| 5 | 600513 | 联环药业 | | 10.01 | 16.16 | 1.47 | 16.16 | -- | 617594 |
| 6 | 600789 | 鲁抗医药 | R | 9.98 | 13.78 | 1.25 | 13.78 | -- | 197.0万 |
| 7 | 000518 | 四环生物 | | 9.93 | 6.64 | 0.60 | 6.64 | -- | 111.3万 |

抗流感概念的龙头
继续在创造着奇迹

图 1－53

# 第八板  2020.2.5 跳空高开 6 分钟后封板

2020 年 2 月 5 日星期三盘前分析，如图 1－54 所示：

昨天（2020 年 2 月 4 日）以联环药业（七连板）为首的龙头"三剑客"（鲁抗医药、四环生物都是六连板）保持着上升的势头。虽然都封板，但抗流感板块产生了分化：跟风的大多掉队，板块有走弱迹象。大家必须时刻警惕龙头"三剑客"的走势，一旦放量滞涨、无力封板，抑或出现阴阳浪高线、十字线、吊首线……都将见顶，持有的要获利了结；反之谨慎持有待涨。毕竟新冠肺炎疫情还没有出现拐点，相关的龙头游资还在炒作，"武汉大消息！李兰娟院士公布，两种药能有效抑制病毒"（江苏吴中炒作的是阿比朵尔概念，达芦那韦概念股是博腾股份）。

昨天盘中，在线教育、特斯拉、锂电池这几个板块绝地反击，相关个股也纷纷表演，可以关注其中的灵魂股！

以上分析，仅供参考；买卖自定，盈亏自负！

最后送你一句话：龙口夺食，需要的是资金、技术和胆量，缺一不可！

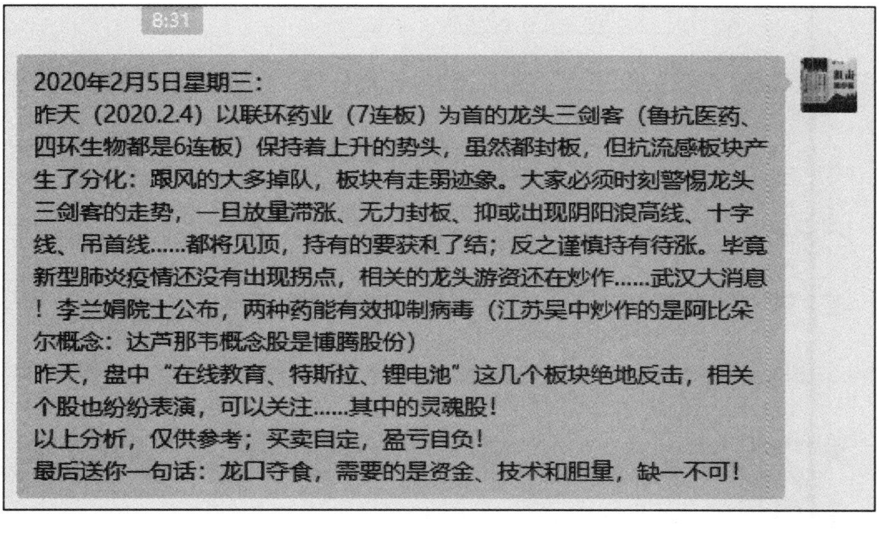

8:31

2020年2月5日星期三：

昨天（2020.2.4）以联环药业（7连板）为首的龙头三剑客（鲁抗医药、四环生物都是6连板）保持着上升的势势，虽然都封板，但抗流感板块产生了分化：跟风的大多掉队，板块有走弱迹象。大家必须时刻警惕龙头三剑客的走势，一旦放量滞涨、无力封板、抑或出现阴阳浪高线、十字线、吊首线……都将见顶，持有的要获利了结；反之谨慎持有待涨。毕竟新型肺炎疫情还没有出现拐点，相关的龙头游资还在炒作……武汉大消息！李兰娟院士公布，两种药能有效抑制病毒（江苏吴中炒作的是阿比朵尔概念：达芦那韦概念股是博腾股份）

昨天，盘中"在线教育、特斯拉、锂电池"这几个板块绝地反击，相关个股也纷纷表演，可以关注……其中的灵魂股！

以上分析，仅供参考；买卖自定，盈亏自负！

最后送你一句话：龙口夺食，需要的是资金、技术和胆量，缺一不可！

图 1-54

2020 年 2 月 5 日星期三联环药业集合竞价开盘数据，如图 1－55 所示：

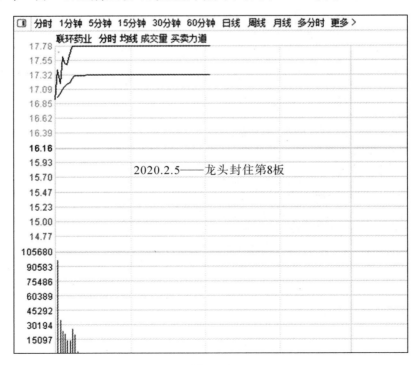

图 1－55

2020 年 2 月 5 日星期三联环药业盘中点评，如图 1－56 所示：

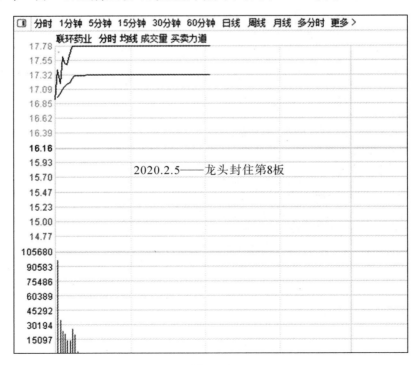

2020.2.5——龙头封住第8板

图 1－56

当天四大指数红盘报收，抗流感概念龙头"三剑客"全部涨停板，如图 1－57 所示：

| 代码 | 名称 | · | 涨幅% | 现价 | 涨跌 | 买价 | 卖价 | 总量 | 现量 |
|------|------|---|------|------|------|------|------|------|------|
| 999999 | 上证指数 | | 1.25 | 2818.09 | 34.80 | -- | -- | 3.10亿 | -- |
| 399001 | 深证成指 | | 2.14 | 10305.50 | 215.83 | -- | -- | 4.55亿 | -- |
| 399006 | 创业板指 | | 3.02 | 1939.62 | 56.93 | -- | -- | 1.28亿 | -- |
| 399005 | 中小板指 | | 2.19 | 6815.68 | 146.22 | -- | -- | 2.06亿 | -- |
| 600513 | 联环药业 | | 10.02 | 17.78 | 1.62 | 17.78 | -- | 271020 | 100 |
| 600789 | 鲁抗医药 | R | 10.01 | 15.16 | 1.38 | 15.15 | 15.16 | 237.3万 | 2224 |
| 000518 | 四环生物 | | 9.94 | 7.30 | 0.66 | 7.30 | -- | 134.5万 | 214 |
| 603052 | 成都燃气 | | 1.98 | 15.43 | 0.30 | 15.42 | 15.43 | 106707 | 128 |

图 1－57

2020 年 2 月 5 日星期三联环药业收盘截图，如图 1－58 所示：

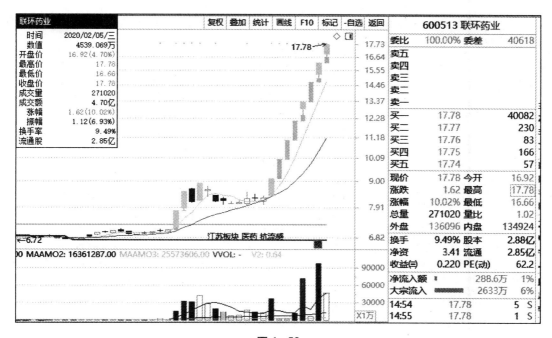

图 1－58

2020 年 2 月 5 日星期三联环药业收盘截图，如图 1－59 所示：

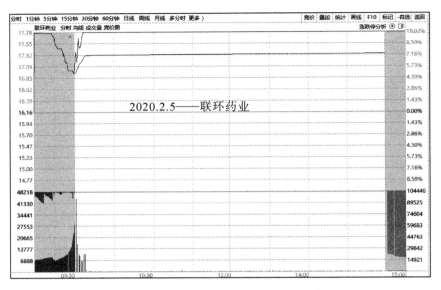

图 1－59

2020 年 2 月 5 日星期三鲁抗医药集合竞价开盘数据，如图 1－60 所示：

| 卖十 | 14.09± | 8 | R 600789 鲁抗医药 | | |
|---|---|---|---|---|---|
| 卖九 | 14.08 | 52 | 现价 | 14.00 今开 | 14.00 |
| 卖八 | 14.07 | 22 | 涨跌 | 0.22 最高 | 14.00 |
| 卖七 | 14.06 | 38 | 涨幅 | 1.60% 最低 | 14.00 |
| 卖六 | 14.05 | 42 | 昨收 | 13.78 均价 | 14.00 |
| 卖五 | 14.04 | 20 | 振幅 | 0.00% 量比 | 11.69 |
| 卖四 | 14.03 | 7 | 总量 | 74752 总额 | 1.05亿 |
| 卖三 | 14.02 | 10 | 总笔 | 6660 每笔 | 11.2 |
| 卖二 | 14.01 | 52 | 外盘 | 37376 内盘 | 37376 |
| 卖一 | 14.00 | 9976 | | | |
| 买一 | 13.99 | 66 | 涨停 | 15.16 跌停 | 12.40 |
| 买二 | 13.98 | 184 | 资产 | 70.6亿 市值 | 123.2亿 |
| 买三 | 13.97 | 6 | 净资 | 3.42 股本 | 8.80亿 |
| 买四 | 13.96 | 58 | 换手 | 0.88% 流通 | 8.52亿 |
| 买五 | 13.95 | 121 | 换手Z | 1.12% 流通Z | 6.66亿 |
| 买六 | 13.94 | 372 | 收益(三) | 0.115 PE(动) | 90.9 |
| 买七 | 13.93 | 9 | | | |
| 买八 | 13.92 | 11 | 09:25 | 14.00 74752 | 6660 |
| 买九 | 13.91 | 5 | | | |

图 1－60

2020 年 2 月 5 日星期三鲁抗医药收盘截图，如图 1－61 所示：

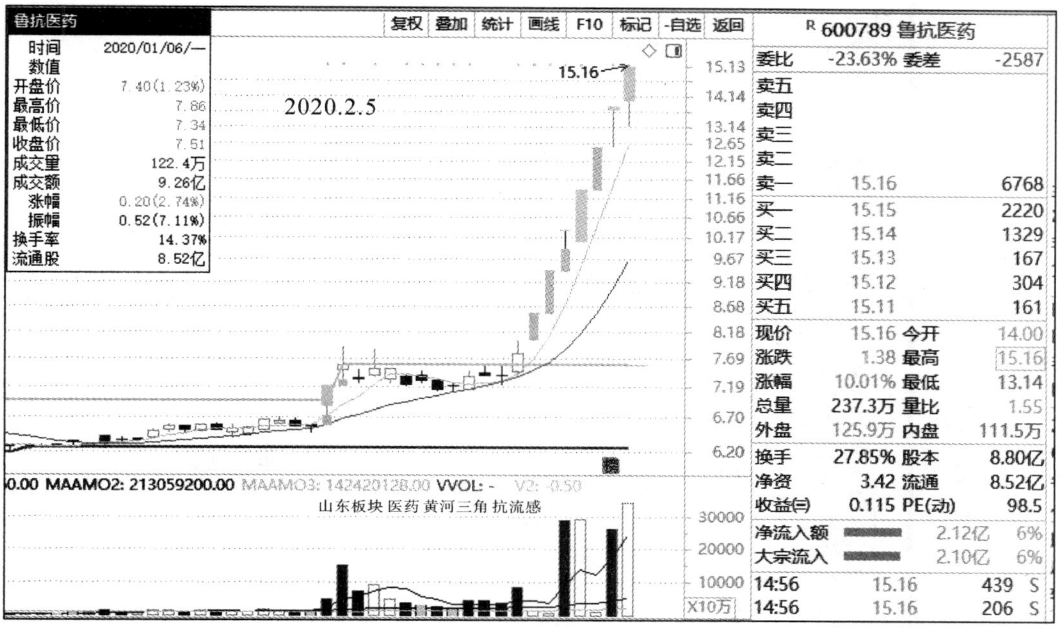

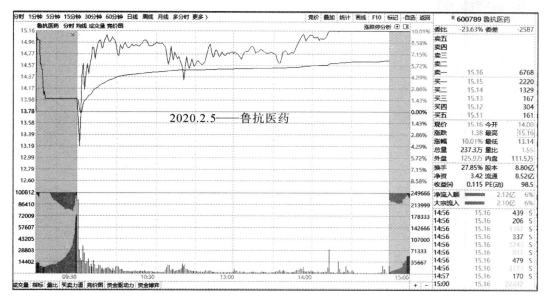

图 1－61

2020 年 2 月 5 日星期三鲁抗医药收盘截图，如图 1－62 所示：

图 1－62

2020 年 2 月 5 日星期三四环生物集合竞价开盘数据，如图 1—63 所示：

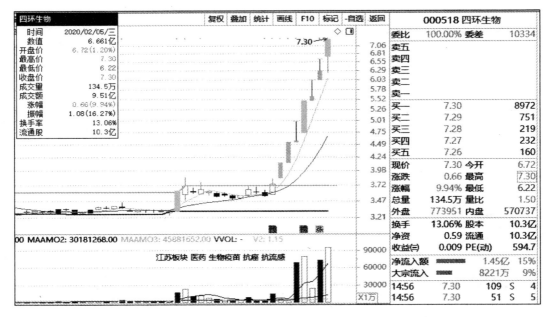

| | | | 000518 四环生物 | | |
|---|---|---|---|---|---|
| 卖十 | 6.81 | 711 | 现价 | 6.72 今开 | 6.72 |
| 卖九 | 6.80 | 6534 | 涨跌 | 0.08 最高 | 6.72 |
| 卖八 | 6.79 | 722 | 涨幅 | 1.20% 最低 | 6.72 |
| 卖七 | 6.78 | 1782 | 昨收 | 6.64 均价 | 6.72 |
| 卖六 | 6.77 | 1029 | 振幅 | 0.00% 量比 | 6.16 |
| 卖五 | 6.76 | 462 | 总量 | 23043 总额 | 1548万 |
| 卖四 | 6.75 | 371 | 总笔 | 1697 每笔 | 13.6 |
| 卖三 | 6.74 | 59 | 外盘 | 11521 内盘 | 11522 |
| 卖二 | 6.73 | 595 | | | |
| 卖一 | 6.72 | 61 | 涨停 | 7.30 跌停 | 5.98 |
| 买一 | 6.71 | 48 | 资产 | 8.95亿 市值 | 69.2亿 |
| 买二 | 6.70 | 502 | 净资 | 0.59 股本 | 10.3亿 |
| 买三 | 6.69 | 70 | 换手 | 0.22% 流通 | 10.3亿 |
| 买四 | 6.68 | 222 | 换手Z | 0.29% 流通Z | 7.97亿 |
| 买五 | 6.67 | 127 | 收益(三) | 0.009 PE(动) | 547.5 |
| 买六 | 6.66 | 321 | | | |
| 买七 | 6.65 | 542 | 净流入额 | 0.00 | 0% |
| 买八 | 6.64 | 3871 | 大宗流入 | 0.00 | 0% |
| 买九 | 6.63 | 126 | 09:25 | 6.72 | 23043 1697 |
| 买十 | 6.60 | 172 | | | |
| 卖均 | 7.05 总卖 | 87601 | | | |
| 买均 | 6.37 总买 | 16143 | | | |

图 1—63

2020 年 2 月 5 日星期三四环生物收盘截图，如图 1—64 所示：

图 1—64

2020 年 2 月 5 日星期三四环生物收盘截图，如图 1－65 所示：

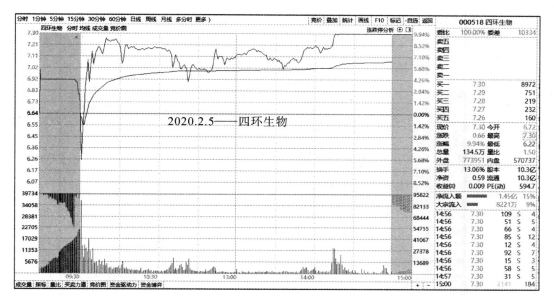

图 1－65

# 第九板　2020.2.6跳空高开一字板

2020年2月6日星期四盘前分析，如图1－66所示：

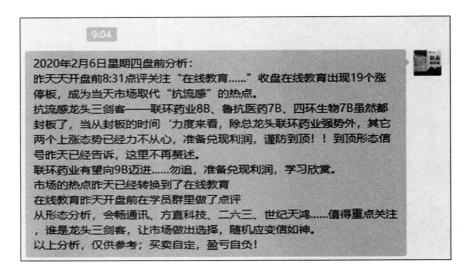

9:04

2020年2月6日星期四盘前分析：
昨天天开盘前8:31点评关注"在线教育……"收盘在线教育出现19个涨停板，成为当天市场取代"抗流感"的热点。
抗流感龙头三剑客——联环药业8B、鲁抗医药7B、四环生物7B虽然都封板了，但从封板的时间'力度来看，除总龙头联环药业强势外，其它两个上涨态势已经力不从心，准备兑现利润，谨防到顶！！到顶形态信号昨天已经告诉，这里不再赘述。
联环药业有望向9B迈进……勿追，准备兑现利润，学习欣赏。
市场的热点昨天已经转换到了在线教育
在线教育昨天开盘前在学员群里做了点评
从形态分析，会畅通讯、方直科技、二六三、世纪天鸿……值得重点关注，谁是龙头三剑客，让市场做出选择，随机应变信如神。
以上分析，仅供参考；买卖自定，盈亏自负！

图1－66

2020年2月6日星期四盘中10:27，昨天评的"抗流感与在线教育"9只股票全部涨停板，如图1－67所示：

2020年2月6日 10:27

| | 代码 | 名称 | | 涨幅% | 现价 | 涨跌 | 买价 | 卖价 | 总量 |
|---|---|---|---|---|---|---|---|---|---|
| 1 | 999999 | 上证指数 | | 0.32 | 2827.16 | 9.07 | -- | -- | 1.07亿 |
| 2 | 399001 | 深证成指 | | 0.67 | 10374.63 | 69.13 | -- | -- | 1.76亿 |
| 3 | 399006 | 创业板指 | | 0.77 | 1954.50 | 14.88 | -- | -- | 5203万 |
| 4 | 399005 | 中小板指 | | 0.55 | 6853.13 | 37.45 | -- | -- | 7964万 |
| 5 | 600513 | 联环药业 | 强 | 10.01 | 19.56 | 1.78 | 19.56 | -- | 116984 |
| 6 | 600789 | 鲁抗医药 | 强 | 10.03 | 16.68 | 1.52 | 16.68 | -- | 129.8万 |
| 7 | 000518 | 四环生物 | 强 | 10.00 | 8.03 | 0.73 | 8.02 | 8.03 | 798683 |
| 8 | 002261 | 拓维信息 | 强 | 10.03 | 12.07 | 1.10 | 12.07 | -- | 840518 |
| 9 | 300235 | 方直科技 | 强 | 10.01 | 19.12 | 1.74 | 19.12 | -- | 2992 |
| 10 | 300654 | 世纪天鸿 | 强 | 10.01 | 15.71 | 1.43 | 15.71 | -- | 7661 |
| 11 | 300578 | 会畅通讯 | 强 | 10.00 | 43.78 | 3.98 | 43.78 | -- | 12889 |
| 12 | 002467 | 二六三 | 强 | 10.00 | 8.47 | 0.77 | 8.47 | -- | 117367 |
| 13 | 300051 | 三五互联 | 强 | 9.96 | 11.26 | 1.02 | 11.26 | -- | 7484 |
| 14 | 300359 | 全通教育 | 强 | 10.07 | 7.98 | 0.73 | 7.98 | -- | 52163 |

图1－67

2020 年 2 月 6 日星期四联环药业收盘截图，如图 1－68 所示：

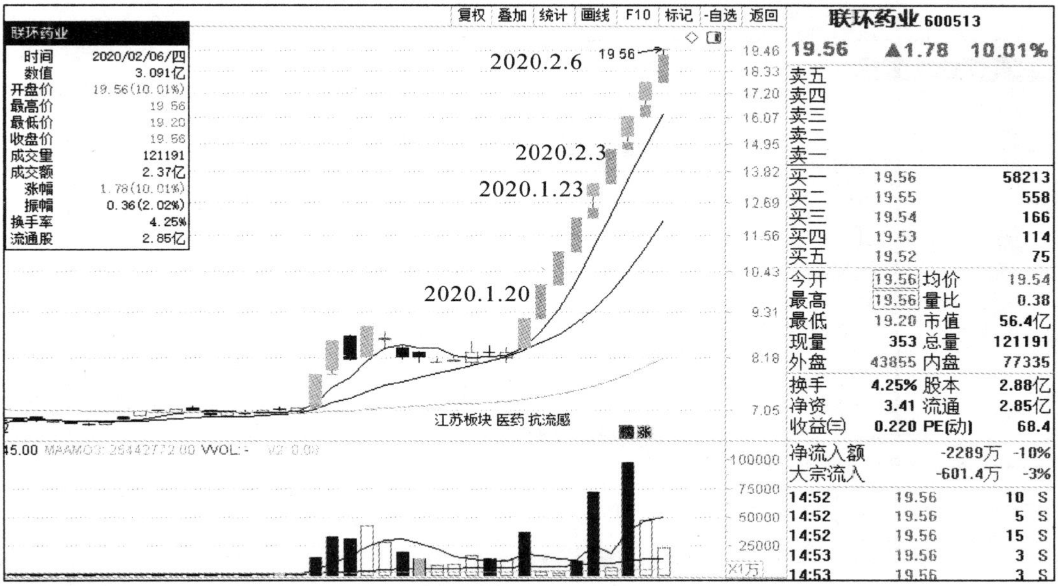

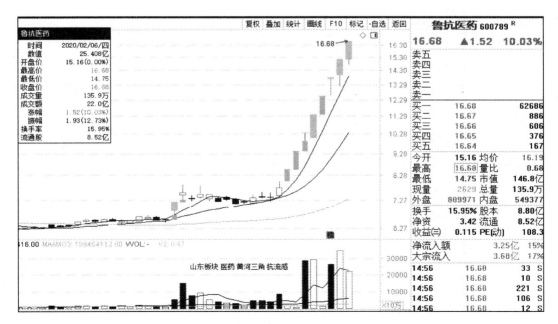

图 1－68

2020 年 2 月 6 日星期四鲁抗医药收盘截图，如图 1－69 所示：

图 1－69

2020年2月6日星期四四环生物收盘截图，如图1-70所示：

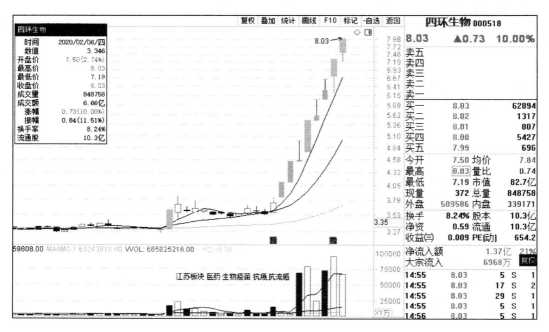

图1-70

几千名建设者24小时不间断施工，艰苦奋战十天十夜，3万多平方米的火神山医院拔地而起。

2020年2月6日下午，武汉市城建局会同市卫健委组织雷神山医院项目代建方地产集团、承建方中建三局开展雷神山医院验收工作并逐步移交。

"雷神山"远超当年的"小汤山"。医疗硬件保障更强，污水处理、空气净化等技术更加先进，也将医院对周边环境的影响降到最低。

# 第十板　2020.2.7 盘中打开 4 个多点仍封板

2020 年 2 月 7 日星期五盘前分析，如图 1－71 所示：

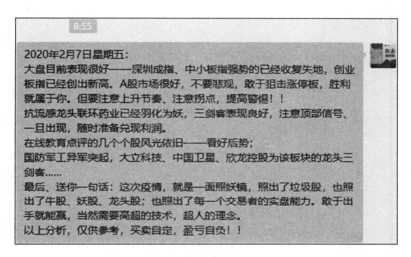

图 1－71

2020 年 2 月 7 日星期五联环药业开盘数据，如图 1－72 所示：

| | | | | | | |
|---|---|---|---|---|---|---|
| 卖十 | 22.45 | 40 | +40 | | 600513 联环药业 | |
| 卖九 | 22.44 | 41 | +41 | 现价 | 22.35 今开 | 22.35 |
| 卖八 | 22.43 | 219 | +219 | 涨跌 | 0.83 最高 | 22.35 |
| 卖七 | 22.42 | 29 | +29 | 涨幅 | 3.86% 最低 | 22.35 |
| 卖六 | 22.41 | 40 | +40 | 昨收 | 21.52 均价 | 22.35 |
| 卖五 | 22.40 | 223 | +223 | 振幅 | 0.00% 量比 | 24.40 |
| 卖四 | 22.39 | 156 | +156 | 总量 | 32721 总额 | 7313万 |
| 卖三 | 22.38 | 45 | +45 | 总笔 | 3018 每笔 | 10.8 |
| 卖二 | 22.37 | 326 | +326 | 外盘 | 16360 内盘 | 16361 |
| 卖一 | 22.36 | 74 | | | | |
| 买一 | 22.35 | 578 | | 涨停 | 23.67 跌停 | 19.37 |
| 买二 | 22.34 | 4 | +4 | 资产 | 15.6亿 市值 | 64.4亿 |
| 买三 | 22.33 | 167 | +167 | 净资 | 3.41 股本 | 2.88亿 |
| 买四 | 22.32 | 34 | +34 | 换手 | 1.15% 流通 | 2.85亿 |
| 买五 | 22.31 | 486 | +486 | 换手Z | 1.82% 流通Z | 1.80亿 |
| 买六 | 22.30 | 42 | +42 | 收益(三) | 0.220 PE[动] | 78.1 |
| 买七 | 22.29 | 11 | +11 | | | |
| 买八 | 22.28 | 2 | +2 | 09:25 | 22.35 32721 | 3018 |
| 买九 | 22.27 | 9 | +9 | | | |
| 买十 | 22.26 | 52 | +52 | | | |

图 1－72

2020 年 2 月 7 日星期五联环药业开盘分时图，如图 1-73 所示：

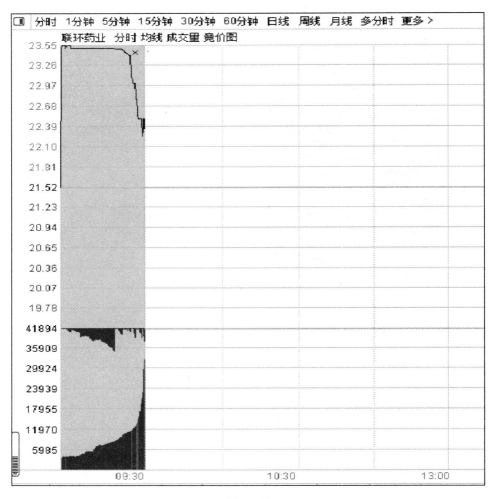

图 1-73

2020 年 2 月 7 日星期五鲁抗医药开盘数据，如图 1－74 所示：

| | | | R 600789 鲁抗医药 | | |
|---|---|---|---|---|---|
| 卖十 | 15.48± | 189 | | | |
| 卖九 | 15.47 | 395 | 现价 | 15.39 今开 | 15.39 |
| 卖八 | 15.46 | 11 | 涨跌 | -0.74 最高 | 15.39 |
| 卖七 | 15.45 | 388 | 涨幅 | -4.59% 最低 | 15.39 |
| 卖六 | 15.44 | 888 | 昨收 | 16.13 均价 | 15.39 |
| 卖五 | 15.43 | 1437 | 振幅 | 0.00% 量比 | 7.57 |
| 卖四 | 15.42 | 597 | 总量 | 54408 总额 | 8373万 |
| 卖三 | 15.41 | 712 | 总笔 | 4402 每笔 | 12.4 |
| 卖二 | 15.40 | 5329 | 外盘 | 27204 内盘 | 27204 |
| 卖一 | 15.39 | 10477 | | | |
| 买一 | 15.38 | 374 | 涨停 | 17.74 跌停 | 14.52 |
| 买二 | 15.37 | 23 | 资产 | 70.6亿 市值 | 135.5亿 |
| 买三 | 15.36 | 148 | 净资 | 3.42 股本 | 8.80亿 |
| 买四 | 15.35 | 144 | 换手 | 0.64% 流通 | 8.52亿 |
| 买五 | 15.34 | 61 | 换手Z | 0.82% 流通Z | 6.66亿 |
| 买六 | 15.33 | 440 | 收益(三) | 0.115 PE[动] | 100.0 |
| 买七 | 15.32 | 84 | 09:25 | 15.39　54408 | 4402 |
| 买八 | 15.31 | 304 | | | |
| 买九 | 15.30 | 1200 | | | |

图 1－74

2020 年 2 月 7 日星期五四环生物开盘数据，如图 1－75 所示：

| | | | 000518 四环生物 | | |
|---|---|---|---|---|---|
| 卖十 | 7.49± | 487 | | | |
| 卖九 | 7.48 | 330 | 现价 | 7.40 今开 | 7.40 |
| 卖八 | 7.47 | 381 | 涨跌 | -0.46 最高 | 7.40 |
| 卖七 | 7.46 | 129 | 涨幅 | -5.85% 最低 | 7.40 |
| 卖六 | 7.45 | 11700 | 昨收 | 7.86 均价 | 7.40 |
| 卖五 | 7.44 | 796 | 振幅 | 0.00% 量比 | 7.24 |
| 卖四 | 7.43 | 88 | 总量 | 33320 总额 | 2466万 |
| 卖三 | 7.42 | 46 | 总笔 | 1758 每笔 | 19.0 |
| 卖二 | 7.41 | 185 | 外盘 | 16660 内盘 | 16660 |
| 卖一 | 7.40 | 885 | | | |
| 买一 | 7.39 | 209 | 涨停 | 8.65 跌停 | 7.07 |
| 买二 | 7.38 | 415 | 资产 | 8.95亿 市值 | 76.2亿 |
| 买三 | 7.37 | 1554 | 净资 | 0.59 股本 | 10.3亿 |
| 买四 | 7.36 | 312 | 换手 | 0.32% 流通 | 10.3亿 |
| 买五 | 7.35 | 781 | 换手Z | 0.42% 流通Z | 7.97亿 |
| 买六 | 7.34 | 9 | 收益(三) | 0.009 PE[动] | 602.9 |
| 买七 | 7.33 | 5565 | 09:25 | 7.40　33320 | 1758 |
| 买八 | 7.32 | 24 | | | |
| 买九 | 7.31 | 425 | | | |
| 买十 | 7.30∓ | 869 | | | |

图 1－75

2020 年 2 月 7 日星期五盘中 9:44 截图，如图 1－27 所示：

| 同步 | 代码 | 名称 | · | 涨幅% | 现价 | 涨跌 | 买价 | 卖价 | 总量 |
|---|---|---|---|---|---|---|---|---|---|
| 1 | 999999 | 上证指数 | | -0.02 | 2865.93 | -0.58 | -- | -- | 5196万 |
| 2 | 399001 | 深证成指 | | 0.17 | 10619.86 | 18.52 | 2020.2.7 开盘9:44 | -- | 8643万 |
| 3 | 399006 | 创业板指 | | 0.51 | 2022.56 | 10.31 | | -- | 2713万 |
| 4 | 399005 | 中小板指 | | -0.05 | 7002.98 | -3.27 | -- | -- | 3811万 |
| 5 | 600513 | 联环药业 | | 10.02 | 21.52 | 1.96 | 21.52 | -- | 97713 |
| 6 | 600789 | 鲁抗医药 | R | 10.01 | 18.35 | 1.67 | 18.35 | -- | 497796 |
| 7 | 000518 | 四环生物 | | 9.96 | 8.83 | 0.80 | 8.83 | -- | 346498 |
| 8 | 002261 | 拓维信息 | R | 10.02 | 13.28 | 1.21 | 13.28 | -- | 575375 |
| 9 | 300235 | 方直科技 | | 9.99 | 21.03 | 1.91 | 21.03 | -- | 2541 |
| 10 | 300654 | 世纪天鸿 | | 9.99 | 17.28 | 1.57 | 17.28 | -- | 5873 |
| 11 | 300578 | 会畅通讯 | | 10.00 | 48.16 | 4.38 | 48.16 | -- | 3350 |
| 12 | 002467 | 二六三 | R | 10.04 | 9.32 | 0.85 | 9.32 | -- | 240627 |
| 13 | 300051 | 三五互联 | | 10.04 | 12.39 | 1.13 | 12.39 | -- | 13949 |
| 14 | 300359 | 全通教育 | | 10.03 | 8.78 | 0.80 | 8.78 | -- | 30691 |
| 15 | 002214 | 大立科技 | | 10.01 | 21.00 | 1.91 | 21.00 | -- | 12768 |
| 16 | 600118 | 中国卫星 | R | 9.99 | 40.40 | 3.67 | 40.40 | -- | 158863 |
| 17 | 000955 | 欣龙控股 | | 10.01 | 11.76 | 1.07 | 11.76 | -- | 23561 |
| 18 | 300123 | 亚光科技 | R | 9.97 | 13.46 | 1.22 | 13.46 | -- | 29902 |
| 19 | 002771 | 真视通 | | 10.00 | 15.07 | 1.37 | 15.06 | 15.07 | 104255 |

点评股票全部涨停板

图 1－76

2020 年 2 月 7 日星期五盘中 10:55 截图提示，如图 1－77 所示：

| 同步 | 代码 | 名称 | · | 涨幅% | 现价 | 涨跌 | 买价 | 卖价 |
|---|---|---|---|---|---|---|---|---|
| 1 | 999999 | 上证指数 | | -0.73 | 2845.58 | -20.93 | -- | -- |
| 2 | 399001 | 深证成指 | | -1.09 | 10485.53 | -115.81 | 出现兑现 | -- |
| 3 | 399006 | 创业板指 | | -1.19 | 1988.39 | -23.86 | 信号——危险 | -- |
| 4 | 399005 | 中小板指 | | -1.42 | 6907.01 | -99.24 | -- | -- |
| 5 | 600513 | 联环药业 | | 10.02 | 21.52 | 1.96 | 21.52 | -- |
| 6 | 600789 | 鲁抗医药 | R | 3.72 | 17.30 | 0.62 | 17.32 | 17.34 |
| 7 | 000518 | 四环生物 | | 6.60 | 8.56 | 0.53 | 8.55 | 8.56 |

图 1－77

2020 年 2 月 7 日星期五盘中 10:55，微信群截图：鲁抗医药、四环生物出现了兑现信号，如图 1－78 所示：

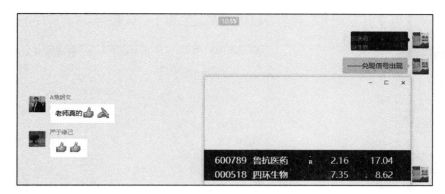

图 1－78

2020 年 2 月 7 日星期五盘中 10：55，微信群截图，如图 1－79 所示：

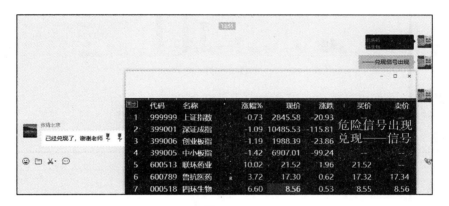

图 1－79

2020 年 2 月 7 日星期五盘中 11：03，微信群截图，如图 1－80 所示：

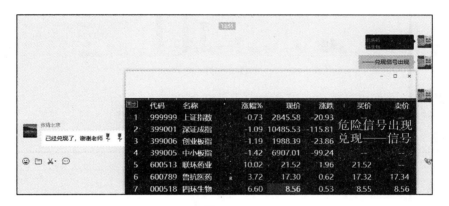

图 1－80

2020年2月7日星期五联环药业收盘截图，如图1－81所示：

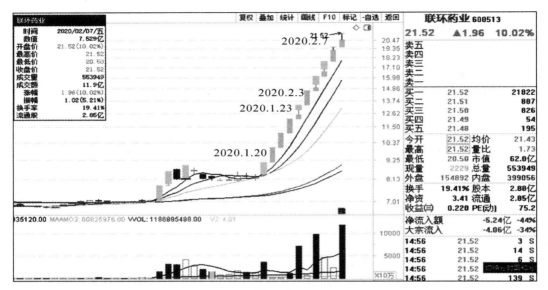

图 1－81

从表1－4我们可见主力卖出金额大于买进金额：

表 1－4

【交易日期】2020-02-07 三日涨幅偏离值累计达20%
偏离值:26.76% 成交量:9461.59万股 成交金额:189352.00万元

| 买入金额排名前5名营业部 | | |
|---|---|---|
| 营业部名称 | 买入金额(万元) | 卖出金额(万元) |
| 国泰君安证券股份有限公司上海江苏路证券营业部 | 3138.78 | － |
| 国盛证券有限责任公司宁波桑田路证券营业部 | 2290.79 | － |
| 国泰君安证券股份有限公司上海分公司 | 1957.51 | － |
| 西藏东方财富证券股份有限公司拉萨东环路第二证券营业部 | 1875.96 | － |
| 中信证券股份有限公司桐乡复兴北路证券营业部 | 1825.28 | － |
| 卖出金额排名前5名营业部 | | |
| 营业部名称 | 买入金额(万元) | 卖出金额(万元) |
| 中信证券股份有限公司天津大港证券营业部 | － | 6582.90 |
| 中信证券股份有限公司北京京城大厦证券营业部 | － | 3225.03 |
| 广发证券股份有限公司珠海柠溪路证券营业部 | － | 2679.45 |
| 西藏东方财富证券股份有限公司拉萨团结路第二证券营业部 | － | 2500.70 |
| 国盛证券有限责任公司宁波桑田路证券营业部 | － | 2352.34 |

2020 年 2 月 7 日星期五鲁抗医药收盘截图，如图 1－82 所示：

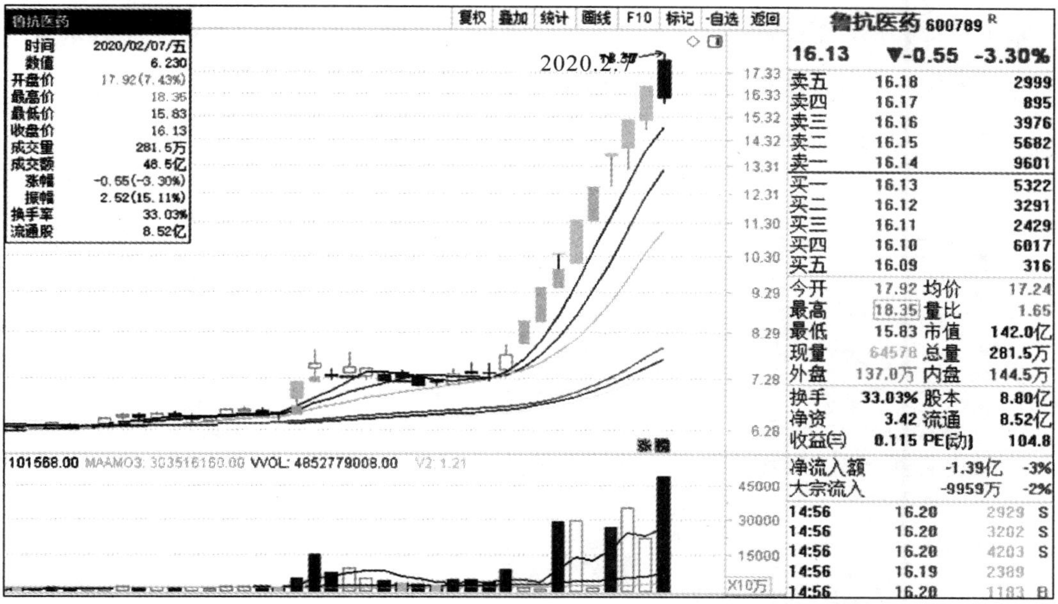

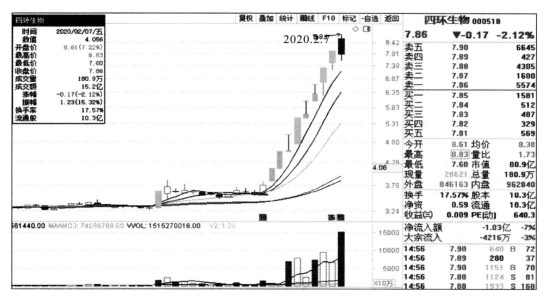

图 1－82

2020 年 2 月 7 日星期五四环生物收盘截图，如图 1－83 所示：

图 1－83

开盘前我在盘前分析中提示过，"注意顶部信号，一旦出现，随时兑现利润"，盘中鲁抗医药、四环生物都出现了兑现信号，收盘前一刻更是确认了大阴线形态；大阴线形态出现就是一个经典的顶部信号，在《借刀斩牛股之酒田战法解析》修订本第7页讲过大阴线的操盘策略，大阴线之后股价往往出现一路下跌的走势。

2020年2月7日星期五收盘点评，如图1—84所示：

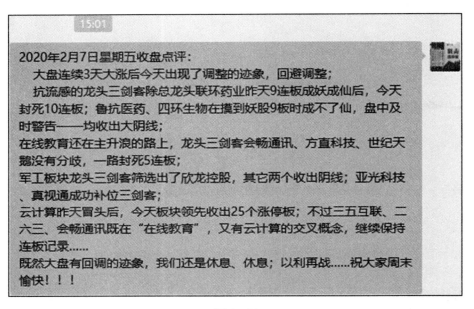

图1—84

2020年2月7日星期五收盘数据，如图1—85所示：

| 同步 | 代码 | 名称 | · | 涨幅% | 现价 | 涨跌 | 买价 | 卖价 | 总量 |
|---|---|---|---|---|---|---|---|---|---|
| 1 | 999999 | 上证指数 | | 0.33 | 2875.96 | 9.45 | -- | -- | 3.09亿 |
| 2 | 399001 | 深证成指 | | 0.10 | 10611.55 | 10.21 | 2020.2.7 收盘数据 | -- | 4.90亿 |
| 3 | 399006 | 创业板指 | | 0.18 | 2015.80 | 3.55 | -- | -- | 1.51亿 |
| 4 | 399005 | 中小板指 | | -0.14 | 6996.56 | -9.69 | -- | -- | 2.18亿 |
| 5 | 600513 | 联环药业 | | 10.02 | 21.52 | 1.96 | 21.52 | -- | 553949 |
| 6 | 600789 | 鲁抗医药 | R | -3.30 | 16.13 | -0.55 | 16.13 | 16.14 | 281.5万 |
| 7 | 000518 | 四环生物 | | -2.12 | 7.86 | -0.17 | 7.85 | 7.86 | 180.9万 |

图1—85

# 第十一天　2020.2.10顶部浪高线

2020年2月10日星期一盘前分析如下：

大盘在上周连续阳线上涨后，有回调的迹象，回避大盘的调整。没有降龙伏妖的魔法就好好观望，多看少动。

涨停板战法以涨停板为起点，只捕捉龙头"三剑客"。

抗流感概念龙头"三剑客"中的两个，已经在上周五收出大阴线；龙头联环药业收出十连阳——成为失去助攻的独角龙，时刻警惕顶部K线形态的出现。

以上分析如图1—86所示：

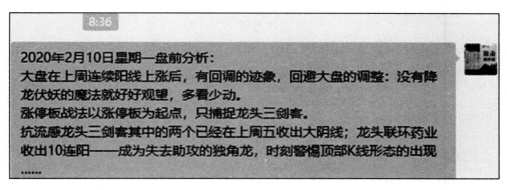

图1—86

2020 年 2 月 10 日星期一联环药业开盘数据，如图 1－87 所示：

| 卖十 | 22.45± | 40 | +40 | | 600513 联环药业 | |
|---|---|---|---|---|---|---|
| 卖九 | 22.44 | 41 | +41 | | | |
| 卖八 | 22.43 | 219 | +219 | 现价 | 22.35 今开 | 22.35 |
| 卖七 | 22.42 | 29 | +29 | 涨跌 | 0.83 最高 | 22.35 |
| 卖六 | 22.41 | 40 | +40 | 涨幅 | 3.86% 最低 | 22.35 |
| 卖五 | 22.40 | 223 | +223 | 昨收 | 21.52 均价 | 22.35 |
| 卖四 | 22.39 | 156 | +156 | 振幅 | 0.00% 量比 | 24.40 |
| 卖三 | 22.38 | 45 | +45 | 总量 | 32721 总额 | 7313万 |
| 卖二 | 22.37 | 326 | +326 | 总笔 | 3018 每笔 | 10.8 |
| 卖一 | 22.36 | 74 | | 外盘 | 16360 内盘 | 16361 |
| 买一 | 22.35 | 578 | | 涨停 | 23.67 跌停 | 19.37 |
| 买二 | 22.34 | 4 | +4 | 资产 | 15.6亿 市值 | 64.4亿 |
| 买三 | 22.33 | 167 | +167 | 净资 | 3.41 股本 | 2.88亿 |
| 买四 | 22.32 | 34 | +34 | 换手 | 1.15% 流通 | 2.85亿 |
| 买五 | 22.31 | 486 | +486 | 换手Z | 1.82% 流通Z | 1.80亿 |
| 买六 | 22.30 | 42 | +42 | 收益(三) | 0.220 PE(动) | 78.1 |
| 买七 | 22.29 | 11 | +11 | | | |
| 买八 | 22.28 | 2 | +2 | 09:25 | 22.35 32721 | 3018 |
| 买九 | 22.27 | 9 | +9 | | | |
| 买十 | 22.26∓ | 52 | +52 | | | |

图 1－87

2020 年 2 月 10 日星期一联环药业集合竞价分时图，如图 1－88 所示：

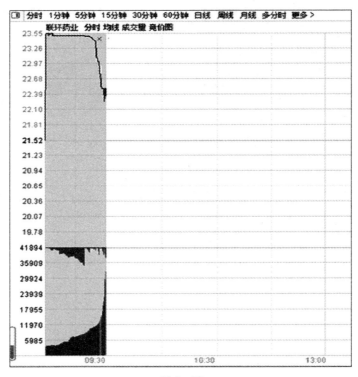

图 1－88

2020 年 2 月 10 日星期一联环药业开盘截图，如图 1—89 所示：

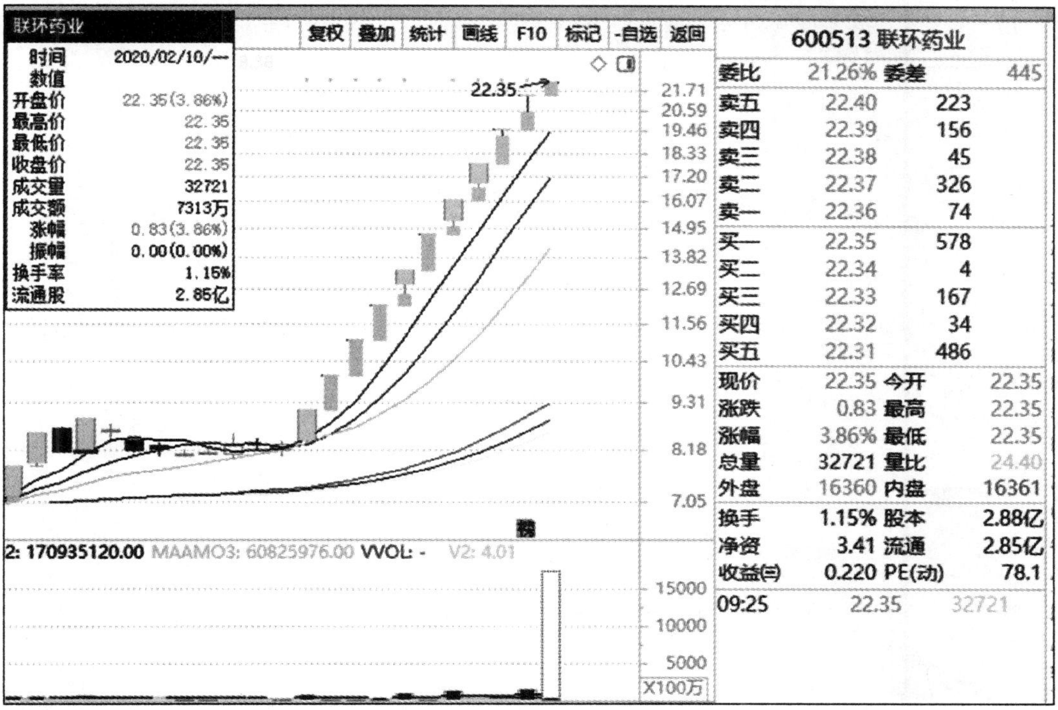


图 1—89

2020 年 2 月 10 日星期一盘中 9:33 数据，如图 1—90 所示：

行情报价　资金驱动力　资金博弈

| | 代码 | 名称 | 涨幅% | 现价 | 涨跌 | 买价 | 卖价 |
|---|---|---|---|---|---|---|---|
| 1 | 999999 | 上证指数 | -0.59 | 2858.85 | -17.11 | -- | -- |
| 2 | 399001 | 深证成指 | -0.15 | 10596.06 | -15.49 | 2020.2.10 | -- |
| 3 | 399005 | 中小板指 | -0.14 | 6987.01 | -9.55 | 9:33数据 | -- |
| 4 | 399006 | 创业板指 | 0.68 | 2029.51 | 13.71 | -- | -- |
| 5 | 000016 | 上证50 | -0.99 | 2823.50 | -28.21 | -- | -- |
| 6 | 600513 | 联环药业 | 7.57 | 23.15 | 1.63 | 23.14 | 23.15 |
| 7 | 600789 | 鲁抗医药 R | -9.98 | 14.52 | -1.61 | -- | 14.52 |
| 8 | 000518 | 四环生物 | -10.05 | 7.07 | -0.79 | -- | 7.07 |

图 1—90

2020 年 2 月 10 日联环药业星期一盘中分时图，如图 1—91 所示：

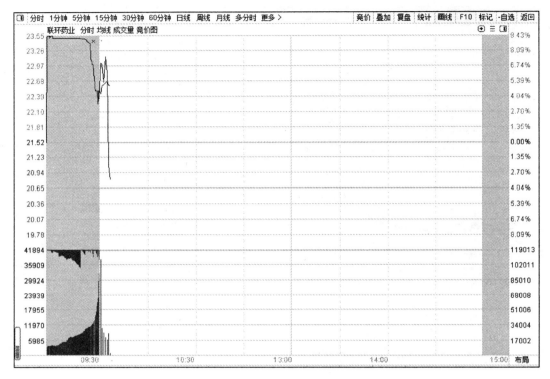

图 1—91

2020 年 2 月 10 日星期一盘中 9:41 数据，如图 1—92 所示：

| | 代码 | 名称 | | 涨幅% | 现价 | 涨跌 | 买价 | 卖价 | 总量 |
|---|---|---|---|---|---|---|---|---|---|
| 1 | 999999 | 上证指数 | | -0.86 | 2851.37 | -24.59 | -- | -- | 4332万 |
| 2 | 399001 | 深证成指 | | -0.57 | 10551.54 | -60.01 | 2020.2.10 | -- | 8277万 |
| 3 | 399006 | 创业板指 | | 0.09 | 2017.64 | 1.84 | 9:41数据 | -- | 2825万 |
| 4 | 399005 | 中小板指 | | -0.71 | 6946.74 | -49.82 | -- | -- | 3666万 |
| 5 | 600513 | 联环药业 | | -1.58 | 21.18 | -0.34 | 21.16 | 21.18 | 364702 |
| 6 | 600789 | 鲁抗医药 | R | -9.98 | 14.52 | -1.61 | -- | 14.52 | 509976 |
| 7 | 000518 | 四环生物 | | -10.05 | 7.07 | -0.79 | -- | 7.07 | 228664 |

图 1—92

2020 年 2 月 10 日星期一联环药业收盘截图，如图 1-93 所示：

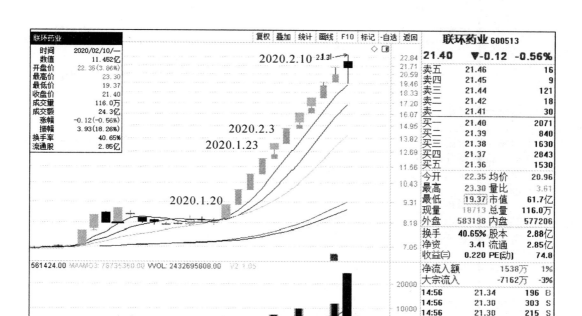

图 1-93

开盘前我在盘前分析中提示过，抗流感概念龙头"三剑客"中的两个已经在上周五收出大阴线，龙头联环药业收出十连阳——成为失去助攻的独角龙，时刻警惕顶部 K 线形态的出现。盘中联环药业给出了顶部信号，收盘前一刻更是确认了浪高线形态；我在《借刀斩牛股之酒田战法解析》修订本中介绍了出现浪高线形态的操盘策略，读懂浪高线形态的朋友都会在当天出局的，如果你不懂浪高线形态的含义，你也许会不以为然，但是收盘后的龙虎榜数据如表 1-5 所示：

表1-5

【交易日期】2020-02-10 日换手率达20%
成交量:11604.04万股 成交金额:243269.59万元

| 买入金额排名前5名营业部 | | |
|---|---|---|
| 营业部名称 | 买入金额(万元) | 卖出金额(万元) |
| 西藏东方财富证券股份有限公司拉萨团结路第二证券营业部 | 2752.75 | - |
| 西藏东方财富证券股份有限公司拉萨东环路第二证券营业部 | 2386.00 | - |
| 渤海证券股份有限公司上海定西路证券营业部 | 2157.82 | - |
| 长城证券股份有限公司仙桃钱沟路证券营业部 | 2115.55 | - |
| 东兴证券股份有限公司福州学军路证券营业部 | 1831.42 | - |
| 卖出金额排名前5名营业部 | | |
| 营业部名称 | 买入金额(万元) | 卖出金额(万元) |
| 国泰君安证券股份有限公司上海江苏路证券营业部 | - | 3218.33 |
| 西藏东方财富证券股份有限公司拉萨东环路第二证券营业部 | - | 2765.45 |
| 光大证券股份有限公司丹阳中新路证券营业部 | - | 2284.89 |
| 平安证券股份有限公司深圳蛇口招商路招商大厦证券营业部 | - | 2186.68 |
| 华泰证券股份有限公司上海杨浦区国宾路证券营业部 | - | 2115.34 |

从当天的龙虎榜数据中我们看出主力在大量的卖出甚至对倒卖出;一般人把龙虎榜看作次日交易的参考;我则把龙虎榜看作一个当天与主力操盘思路是否一致的对比,因为我们是看K线形态给出的信号在操作,而不是看龙虎榜在操作;当我们的思路与龙虎榜主力的操盘一致的时候,那才是令人欣慰的事,因为我们与大主力一样在同时行动。如果当作交易次日的参考岂不晚了吗?

盘中微信群读者感言，如图 1-93、图 1-94 所示：

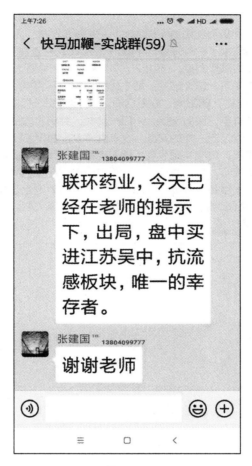

图 1-94

图 1-95

图1-96是微信群的朋友发给我的个人体会留言：

本人07年9月份通过同事推荐，一张白纸入市，入市一个多月时间，中国股市迎来了一轮惨暴的下跌，然后我就一直在不断的补仓中，跟随中国股市跌至谷底。截止2019年末，累计亏损达到一百余万。中间也是不断学习，这个理论，那个秘籍，但终不得其法，一直不能扭亏。2019年年初，偶然间，在书店看了张华老师关于涨停板系列的书，一见就爱不释手，买回家后，一口气读完，并结合实战，仔细领会其中的精华，经过近一年的实战，在20年年初，成功抓获联环药业，秀强股份等牛股，首次实现盈利。感谢老师，让我在中国股市找到了方向，增强了信心，传授我技法，让我在股市实现了盈利。下面是我在2020年年初用网名"壹键定江山"参加的一届某吧全国杯赛上的交割单。当时最好成绩应该是前十，不是第八就是第九名。再一次感谢老师！

图 1-96

表1-6是微信群朋友发的个人交割表：

表 1-6

| | 证券名称 | 成交价格 | 成交数量 | 剩余数量 | 成交金额 | 清算金额 | 剩余金额 | 佣金 | 印花税 |
|---|---|---|---|---|---|---|---|---|---|
| 1 | | | | | | | | | |
| 2 | 联环药业 | 16.1 | 8400 | 0 | 135240 | 135075 | 135308.3 | 27.05 | 135.24 |
| 3 | 联环药业 | 16.16 | 8300 | 8300 | 134128 | -134158 | 1150.79 | 26.83 | 0 |
| 4 | 奥特佳 | 2.38 | 400 | 400 | 952 | -957 | 193.79 | 5 | 0 |
| 5 | 奥特佳 | 2.57 | 400 | 400 | 1028 | 1021.97 | 1215.76 | 5 | 1.03 |
| 6 | 联环药业 | 21.52 | 8300 | 0 | 178616 | 178398.1 | 179613.9 | 35.72 | 178.61 |
| 7 | 联环药业 | 21.52 | 8300 | 8300 | 178616 | -178655 | 958.57 | 35.72 | 0 |
| 8 | 联环药业 | 22.918 | 8300 | 0 | 190223 | 189990.9 | 190949.5 | 38.04 | 190.23 |

2020 年 2 月 10 日星期一鲁抗医药收盘截图，如图 1—97 所示：

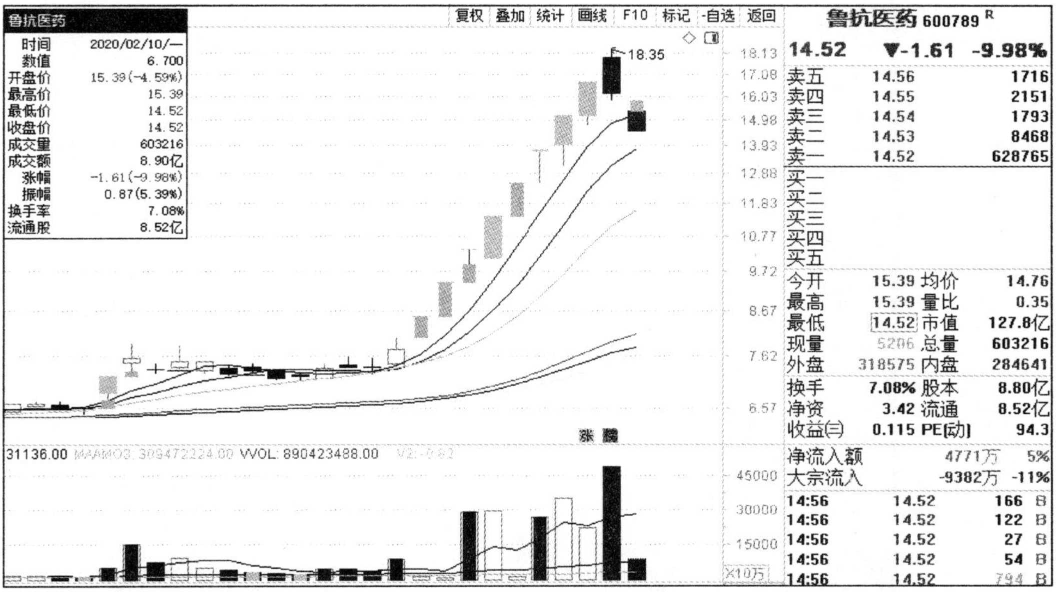

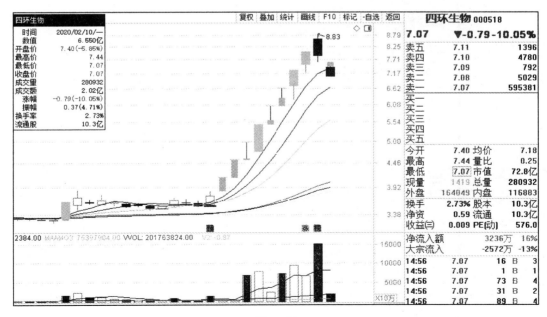

图 1—97

2020 年 2 月 10 日星期一四环生物收盘截图，如图 1—98 所示：

图 1—98

2020 年 2 月 10 日星期一收盘截图，如图 1－99 所示：

| 代码 | 名称 | 涨幅% | 现价 | 涨跌 | 买价 | 卖价 | 总量 |
|------|------|-------|------|------|------|------|------|
| 1 999999 | 上证指数 | 0.51 | 2890.49 | 14.53 | 2020.2.10 | -- | 2.95亿 |
| 2 399001 | 深证成指 | 1.10 | 10728.46 | 116.91 | 收盘数据 | -- | 4.71亿 |
| 3 399006 | 创业板指 | 1.31 | 2042.18 | 26.38 | -- | -- | 1.41亿 |
| 4 399005 | 中小板指 | 0.93 | 7061.57 | 65.01 | -- | -- | 2.08亿 |
| 5 600513 | 联环药业 | -0.56 | 21.40 | -0.12 | 21.40 | 21.41 | 116.0万 |
| 6 600789 | 鲁抗医药 R | -9.98 | 14.52 | -1.61 | -- | 14.52 | 603216 |
| 7 000518 | 四环生物 | -10.05 | 7.07 | -0.79 | -- | 7.07 | 280932 |

图 1－99

2020 年 2 月 10 日星期一收盘点评，如图 1－100 所示：

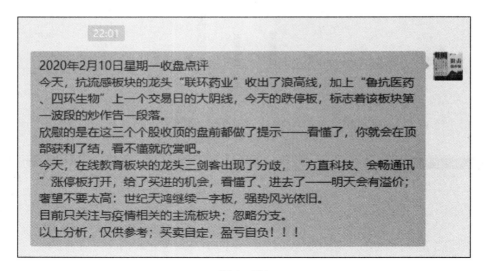

图 1－100

朋友们，到这里在抗流感概念炒作期间我选择、分析、点评的龙头"三剑客"就分享完了。从开始起涨，到主升浪顶部卖出，完全按照我的操盘系统来分析、点评的，特别是在顶部 K 线形态出现之前、之中、之后都给出了出局的机会。譬如鲁抗医药、四环生物的大阴线，联环药业的浪高线——当你读懂了 K 线，你也会在主力出局时一起出局，不会被套住。

人生自我改进的路只有两条，一条是从自己的经验和错误中领悟并汲取教训，另一条就是借助于他人的思想和经验教训来启发自己。

炒股错误的判断标准只有一条：那就是你的账户正在亏钱。凡是买进后就亏钱的股票，那就是市场告诉你——买错了！！！

古人云"知错能改即圣贤"。千万别错了后，还在为自己的错误寻找支撑的理由而不认错。认错，是走向正确的第一步。

回顾浪高线后，600513联环药业的走势图，如图1-101所示：

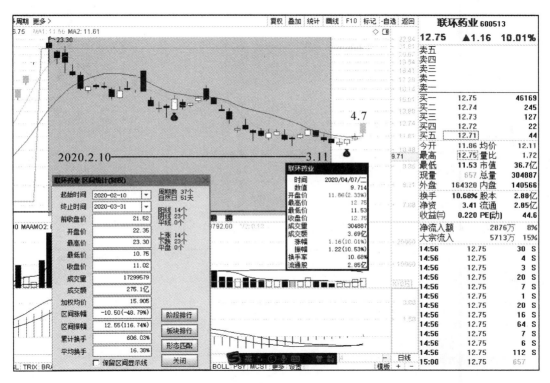

图 1-101

回顾大阴线后，600789 鲁抗医药的走势图，如图 1－102 所示：

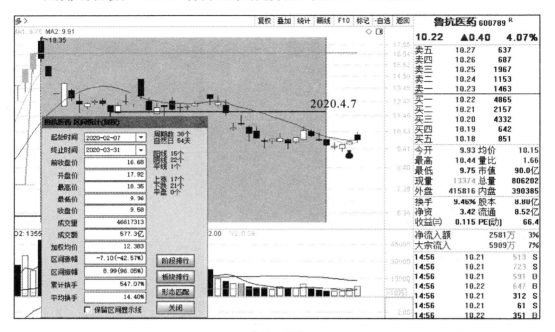

图 1－102

回顾大阴线后，000518 四环生物的走势图，如图 1－103 所示：

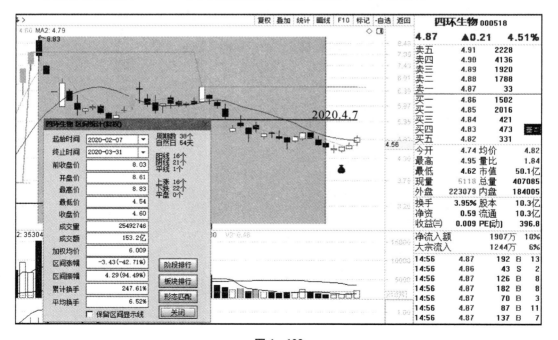

图 1－103

**思 考 题** ··········································································································

1. 操作的目标是什么？

2. 股价运行的规律是什么？

3. 指数状态如何？ 涨停风口在何处？ 题材大小如何？

4. 标的如何考量？

5. 仓位如何管理？

6. 主升浪运行的节奏如何？

7. 如何止盈与清仓？

8. 交易纪律是什么？

9. 牛股交易系统的灵魂是什么？

··········································································································

# 第二章
## 秀强股份涨停板后大阴线

## 第一节　秀强股份上涨途中的分析

在集中力量研究联环药业的时候，秀强股份起涨时没有分析，但在其后的上涨途中做了分析，如在 2 月 13 日盘前分析中提到，昨天光伏概念里以秀强股份为龙头的"三剑客"（另外 2 只为金晶科技、通威股份）也开始奔跑，机会很多。如图 2-1 所示：

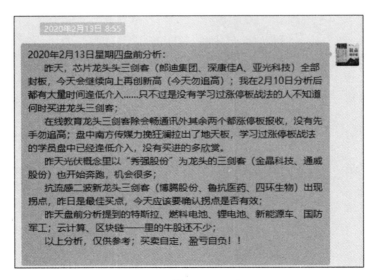

2020年2月13日 8:55

2020年2月13日星期四盘前分析：
　　昨天，芯片龙头三剑客（郎迪集团、深康佳A、亚光科技）全部封板，今天会继续向上再创新高（今天勿追高）；我在2月10日分析后都有大量时间逢低介入……只不过是没有学习过涨停板战法的人不知道何时买进龙头三剑客；
　　在线教育龙头三剑客除会畅通讯外其余两个都涨停板报收，没有先手勿追高；盘中南方传媒力挽狂澜拉出了地天板，学习过涨停板战法的学员盘中已经逢低介入，没有买进的多欣赏。
　　昨天光伏概念里以"秀强股份"为龙头的三剑客（金晶科技、通威股份）也开始奔跑，机会很多；
　　抗流感二波新龙头三剑客（博腾股份、鲁抗医药、四环生物）出现拐点，昨日是最佳买点，今天应该要确认拐点是否有效；
　　昨天盘前分析提到的特斯拉、燃料电池、锂电池、新能源车、国防军工、云计算、区块链——里的牛股还不少；
　　以上分析，仅供参考；买卖自定，盈亏自负！！

图 2-1

　　2020年2月17日盘前分析中提到，光伏概念的龙头秀强股份（叠加特斯拉概念），如图2－2所示：

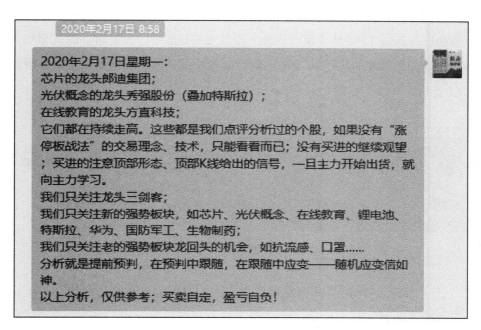

2020年2月17日 8:58

2020年2月17日星期一：
芯片的龙头郎迪集团；
光伏概念的龙头秀强股份（叠加特斯拉）；
在线教育的龙头方直科技；
它们都在持续走高。这些都是我们点评分析过的个股，如果没有"涨停板战法"的交易理念、技术，只能看看而已；没有买进的继续观望；买进的注意顶部形态、顶部K线给出的信号，一旦主力开始出货，就向主力学习。
我们只关注龙头三剑客；
我们只关注新的强势板块，如芯片、光伏概念、在线教育、锂电池、特斯拉、华为、国防军工、生物制药；
我们只关注老的强势板块龙回头的机会，如抗流感、口罩……
分析就是提前预判，在预判中跟随，在跟随中应变——随机应变信如神。
以上分析，仅供参考；买卖自定，盈亏自负！

图2－2

## 第二节　秀强股份接近顶部形态的提示

2020年2月19日星期三盘前分析提到，特斯拉概念的300160秀强股份一路高歌猛进，目前已经连续11个涨停板，成为名副其实的妖股——没有进去的观望吧。在里面的请注意，如果顶部的几种K形态出现，就要锁定利润；反之不见主力出货、不见顶部K线就与妖共舞。如图2-3所示：

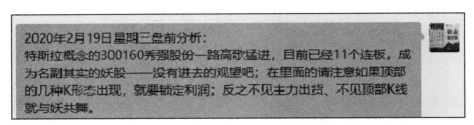

2020年2月19日星期三盘前分析：
特斯拉概念的300160秀强股份一路高歌猛进，目前已经11个连板，成为名副其实的妖股——没有进去的观望吧；在里面的请注意如果顶部的几种K形态出现，就要锁定利润；反之不见主力出货、不见顶部K线就与妖共舞。

图2-3

2020年2月20日星期四盘前分析中提到，特斯拉的龙头秀强股份昨天是出货的形态，今天应该还有反复的机会，但已经是主升浪的末端，不要恋战，如图2-4所示。如我在"云掌财经"（链接：http：//m. 123. com. cn/share/course/216. html）发表的观点所示：

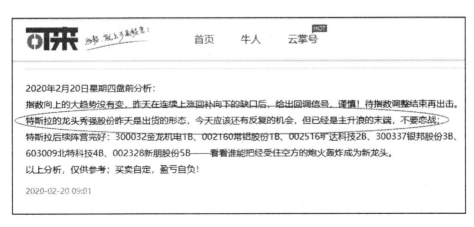

2020年2月20日星期四盘前分析：
指数向上的大趋势没有变，昨天在连续上涨回补向下的缺口后，给出回调信号，谨慎！待指数调整结束再出击。
特斯拉的龙头秀强股份昨天是出货的形态，今天应该还有反复的机会，但已经是主升浪的末端，不要恋战；
特斯拉后续阵营完好：300032金龙机电1B、002160常铝股份1B、002516旷达科技2B、300337银邦股份3B、603009北特科技4B、002328新朋股份5B——看看谁能把经受住空方的炮火轰炸成为新龙头。
以上分析，仅供参考；买卖自定，盈亏自负！
2020-02-20 09:01

图2-4

遗憾的是，"雪崩之前，每一片雪花都在漫天飞舞"，不同的是，主力的"雪花"

是飞舞出货，散户的"雪花"往往是飞舞买进。

2020 年 2 月 20 日上午 10：36—10：37 秀强股份主力出货时截图，如图 2—5 所示：

| 卖十 | 12.48 | 7660 | +29 | | | 300160 秀强股份 | |
|---|---|---|---|---|---|---|---|
| 卖九 | 12.47 | 1202 | -11 | 现价 | 12.39 | 今开 | 11.22 |
| 卖八 | 12.46 | 2403 | | 涨跌 | 1.04 | 最高 | 12.40 |
| 卖七 | 12.45 | 5094 | +20 | 涨幅 | 9.16% | 最低 | 10.80 |
| 卖六 | 12.44 | 489 | | 昨收 | 11.35 | 均价 | 11.61 |
| 卖五 | 12.43 | 182 | | 振幅 | 14.10% | 量比 | 3.83 |
| 卖四 | 12.42 | 321 | | 总量 | 106.4万 | 总额 | 12.4亿 |
| 卖三 | 12.41 | 131 | +3 | 总笔 | 70718 | 每笔 | 15.0 |
| 卖二 | 12.40 | 7008 | -28 | 外盘 | 591795 | 内盘 | 472329 |
| 卖一 | 12.39 | 840 | -151 | | | | |
| 买一 | 12.38 | 4 | +4 | 涨停 | 12.49 | 跌停 | 10.22 |
| 买二 | 12.37 | 2 | -10 | 资产 | 15.1亿 | 市值 | 76.6亿 |
| 买三 | 12.36 | 68 | -17 | 净资 | 1.66 | 股本 | 6.19亿 |
| 买四 | 12.35 | 696 | -183 | 换手 | 18.31% | 流通 | 5.81亿 |
| 买五 | 12.32 | 5 | -2 | 换手Z | 34.68% | 流通Z | 3.07亿 |
| 买六 | 12.31 | 299 | +54 | 收益(三) | 0.180 | PE(动) | 52.8 |
| 买七 | 12.30 | 2755 | -214 | 净流入额 | | 1.20亿 | 10% |
| 买八 | 12.29 | 20 | | 大宗流入 | | 8380万 | 7% |

| 买九 | 12.28 | 21 | -123 | 10:36 | 12.20 | 178 | B | 11 |
|---|---|---|---|---|---|---|---|---|
| 买十 | 12.26 | 24 | -18 | 10:36 | 12.19 | 862 | S | 17 |
| 卖均 | 12.47 | 总卖 | 71284 | 10:36 | 12.19 | 3721 | S | 81 |
| 买均 | 11.20 | 总买 | 62569 | 10:36 | 12.25 | 108 | B | 10 |
| | | | | 10:36 | 12.25 | 58 | B | 8 |

查看全速千档盘口

| 卖一 | 12.39 | 21.5/笔 | 39笔 | 10:36 | 12.25 | 715 | B | 27 |
|---|---|---|---|---|---|---|---|---|
| 35 | 44 | 10 | 5 | 10 | 10:36 | 12.25 | 543 | B | 52 |
| 10 | 6 | 4 | 3 | 1 | 10:36 | 12.25 | 1109 | S | 68 |
| 10 | 5 | 167 | 5 | 2 | 10:36 | 12.28 | 1155 | B | 88 |
| 3 | 3 | 1 | 65 | 80 | 10:36 | 12.35 | 6479 | B | 112 |
| 5 | 151 | 1 | 5 | 3 | 10:36 | 12.35 | 359 | B | 17 |

| 买一 | 12.38 | 4.0/笔 | 1笔 | 10:37 | 12.38 | 1682 | B | 138 |
|---|---|---|---|---|---|---|---|---|
| 4 | | | | 10:37 | 12.38 | 625 | B | 63 |
| | | | | 10:37 | 12.39 | 608 | B | 73 |
| | | | | 10:37 | 12.39 | 462 | B | 45 |
| | | | | 10:37 | 12.39 | 217 | B | 37 |

图 2—5

2020 年 2 月 20 日上午 11：16 秀强股份封板时截图，如图 2－6 所示：

| | | | | 300160 秀强股份 | | |
|---|---|---|---|---|---|---|
| 卖十 | | | | 现价 | 12.49 今开 | 11.22 |
| 卖九 | | | | 涨跌 | 1.14 最高 | 12.49 |
| 卖八 | | | | 涨幅 | 10.04% 最低 | 10.80 |
| 卖七 | | | | 昨收 | 11.35 均价 | 11.73 |
| 卖六 | | | | 振幅 | 14.89% 量比 | 2.91 |
| 卖五 | | | | 总量 | 127.2万 总额 | 14.9亿 |
| 卖四 | | | | 总笔 | 83386 每笔 | 15.3 |
| 卖三 | | | | 外盘 | 732904 内盘 | 539161 |
| 卖二 | | | | | | |
| 卖一 | | | | | | |
| 买一 | 12.49 | 326689 | +493 | 涨停 | 12.49 跌停 | 10.22 |
| 买二 | 12.48 | 8618 | -2 | 资产 | 15.1亿 市值 | 77.3亿 |
| 买三 | 12.46 | 20 | -20 | 净资 | 1.66 股本 | 6.19亿 |
| 买四 | 12.45 | 52 | -4 | 换手 | 21.89% 流通 | 5.81亿 |
| 买五 | 12.44 | 42 | | 换手Z | 41.46% 流通Z | 3.07亿 |
| 买六 | 12.43 | 120 | | 收益(三) | 0.180 PE(动) | 53.3 |
| 买七 | 12.42 | 25 | | 净流入额 ▬▬▬ | 2.25亿 | 15% |
| 买八 | 12.41 | 154 | | 大宗流入 ▬▬ | 1.89亿 | 13% |
| 买九 | 12.40 | 82 | | 11:16 | 12.36 1081 | B 77 |
| 买十 | 12.37 | 12 | | 11:16 | 12.40 7097 | B 310 |
| 卖均 | 总卖 | | | 11:16 | 12.41 4168 | B 207 |
| 买均 12.32 | 总买 385454 | | | 11:16 | 12.48 10351 | B 516 |
| 查看全速千档盘口 | | | | 11:16 | 12.49 47224 | B1930 |
| 卖一 | | | | 11:16 | 12.49 526 | S 9 |
| | | | | 11:16 | 12.49 680 | S 16 |
| | | | | 11:16 | 12.49 647 | S 21 |
| | | | | 11:16 | 12.49 762 | S 22 |
| | | | | 11:16 | 12.49 665 | S 27 |
| | | | | 11:16 | 12.49 239 | S 22 |
| | | | | 11:16 | 12.49 322 | S 19 |
| 买一 | 12.49 201.4/笔 | 1622笔 | | 11:16 | 12.49 414 | S 15 |
| 4082 | 1 51 | 33 | 480 | 11:16 | 12.49 297 | S 7 |
| 6 | 1 80 | 201 | 888 | 11:16 | 12.49 87 | S 12 |
| 16 | 20 3 | 400 | 8 | 11:16 | 12.49 203 | S 17 |
| 6 | 1624 222 | 13 | 13 | | | |
| 10 | 2 6 | 61 | 18 | | | |

图 2－6

从 2020 年 2 月 20 日龙虎榜数据中我们看到，当天游资在大量的对倒出货，如表 2－1所示：

表 2－1

【交易日期】2020-02-20 日涨幅偏离值达7%
涨跌幅：7.75% 成交量：13159.00万股 成交金额：154667.00万元

| 买入金额排名前5名营业部 | | |
|---|---|---|
| 营业部名称 | 买入金额(万元) | 卖出金额(万元) |
| 中国银河证券股份有限公司北京中关村大街证券营业部 | 2504.00 | 25.26 |
| 兴业证券股份有限公司深圳侨香路证券营业部 | 2421.66 | 21.45 |
| 华泰证券股份有限公司南京浦泗路证券营业部 | 2293.58 | 654.82 |
| 华泰证券股份有限公司南宁中泰路证券营业部 | 1911.77 | 23.85 |
| 万和证券股份有限公司成都通盈街证券营业部 | 1844.03 | 13.15 |
| 卖出金额排名前5名营业部 | | |
| 营业部名称 | 买入金额(万元) | 卖出金额(万元) |
| 东吴证券股份有限公司苏州西北街证券营业部 | 43.42 | 1668.71 |
| 西藏东方财富证券股份有限公司拉萨团结路第二证券营业 | 1160.24 | 1617.63 |
| 光大证券股份有限公司宿迁发展大道证券营业部 | 0.58 | 1261.43 |
| 中邮证券有限责任公司浙江分公司 | 720.92 | 1238.51 |
| 西藏东方财富证券股份有限公司拉萨东环路第二证券营业 | 1089.56 | 1175.18 |

## 第三节　秀强股份在 2 月 21 日顶部的分析提示

2020 年 2 月 21 日星期五盘前分析中提到：

大盘很牛!! 指数前两天仅仅回调 3 个小时后，就再度起涨；大金融概念爆发，华为、特斯拉、锂电池、新能源车、国防军工、超清视频、区块链、光伏、芯片等众多概念牛股、龙头股争先恐后，市场情绪良好，昨天 123 个涨停板，24 个二连板。经过筛选，牛股、龙头股、妖股如下：

牛股：300032 金龙机电 2B，300097 智云股份 2B，002160 常铝股份 2B，002823 凯中精密 2B，300048 和康新能，600318 新力金融 2B，603093 南华期货 2B。

龙头股：002516 旷达科技 3B，603011 合锻智能 3B，002837 英雄克 4B，300102 乾照光电 5B，002255 海陆重工 5B。

妖股：300160 秀强股份 12B（主力大幅对倒出货），002239 奥特佳。

牛股是龙头股、妖股的发源地；龙头股、妖股是牛股的升华。

我只是分析牛股、龙头、妖股，但不构成投资建议!!

以上分析，截图如 2—7 所示。如我在“云掌财经”（链接：http://m.123.com.cn/share/course/216.html）发的观点所示：

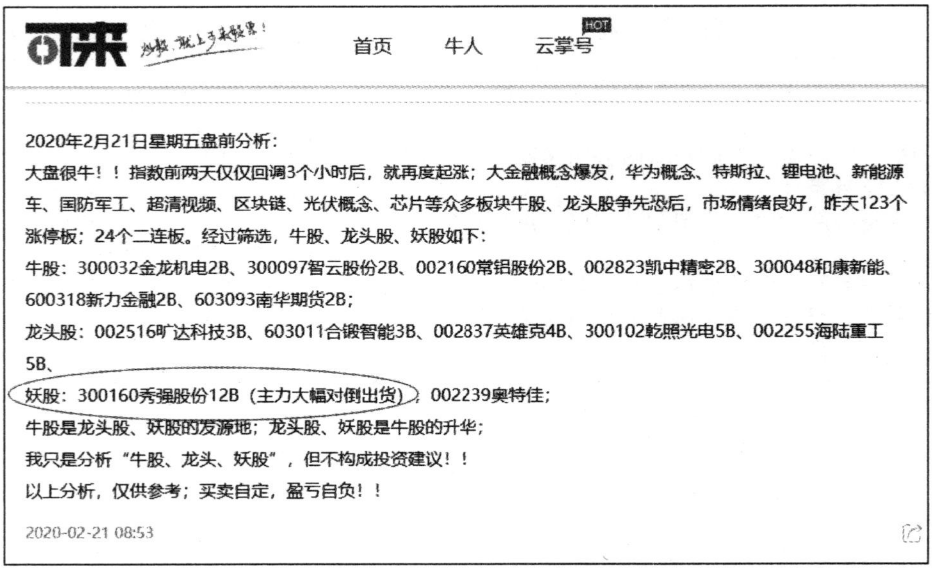

2020年2月21日星期五盘前分析：

大盘很牛！！指数前两天仅仅回调3个小时后，就再度起涨；大金融概念爆发，华为概念、特斯拉、锂电池、新能源车、国防军工、超清视频、区块链、光伏概念、芯片等众多板块牛股、龙头股争先恐后，市场情绪良好，昨天123个涨停板；24个二连板。经过筛选，牛股、龙头股、妖股如下：

牛股：300032金龙机电2B、300097智云股份2B、002160常铝股份2B、002823凯中精密2B、300048和康新能、600318新力金融2B、603093南华期货2B；

龙头股：002516旷达科技3B、603011合锻智能3B、002837英雄克4B、300102乾照光电5B、002255海陆重工5B、

妖股：300160秀强股份12B（主力大幅对倒出货），002239奥特佳；

牛股是龙头股、妖股的发源地；龙头股、妖股是牛股的升华；

我只是分析“牛股、龙头、妖股”，但不构成投资建议！！

以上分析，仅供参考；买卖自定，盈亏自负！！

2020-02-21 08:53

图 2—7

2020 年 2 月 21 日星期五分析个股开盘数据截图，如图 2-8 所示：

| 同步 | 代码 | 名称 | · | 涨幅% | 现价 | 涨跌 | 买价 | 卖价 | 总量 | 量比 |
|---|---|---|---|---|---|---|---|---|---|---|
| 1 | 300032 | 金龙机电 | | 3.79 | 5.20 | 0.19 | 5.18 | 5.20 | 31366 | 23.13 |
| 2 | 300097 | 智云股份 | | 2.34 | 11.39 | 0.26 | 11.37 | 11.39 | 9364 | 14.77 |
| 3 | 002160 | 常铝股份 | | 6.24 | 5.28 | 0.31 | 5.28 | 5.29 | 56112 | 21.89 |
| 4 | 002823 | 凯中精密 | | -4.44 | 14.00 | -0.65 | 14.00 | 14.02 | 7095 | 14.13 |
| 5 | 300048 | 合康新能 | | 10.18 | 3.14 | 0.29 | 3.14 | -- | 73519 | 60.36 |
| 6 | 600318 | 新力金融 | R | 10.04 | 8.33 | 0.76 | 8.33 | -- | 27760 | 23.71 |
| 7 | 603093 | 南华期货 | N | 2.34 | 29.29 | 0.67 | 29.22 | 29.29 | 11004 | 16.96 |
| 8 | 002516 | 旷达科技 | | 9.92 | 4.21 | 0.38 | 4.21 | -- | 25427 | 21.70 |
| 9 | 603011 | 合锻智能 | | 5.77 | 6.60 | 0.36 | 6.59 | 6.60 | 24392 | 36.62 |
| 10 | 002837 | 英维克 | | 4.37 | 41.09 | 1.72 | 41.08 | 41.09 | 3606 | 7.82 |
| 11 | 300102 | 乾照光电 | | 10.01 | 8.02 | 0.73 | 8.02 | -- | 25836 | 12.88 |
| 12 | 002255 | 海陆重工 | | 9.93 | 4.87 | 0.44 | 4.87 | -- | 163903 | 310.42 |
| 13 | 300160 | 秀强股份 | | 5.68 | 13.20 | 0.71 | 13.20 | 13.21 | 52910 | 10.39 |
| 14 | 002239 | 奥特佳 | | 1.30 | 4.68 | 0.06 | 4.67 | 4.68 | 75415 | 3.54 |

2020.2.21开盘数据

图 2-8

2020 年 2 月 21 日星期五上午收盘秀强股份分析截图，如图 2-9 所示：

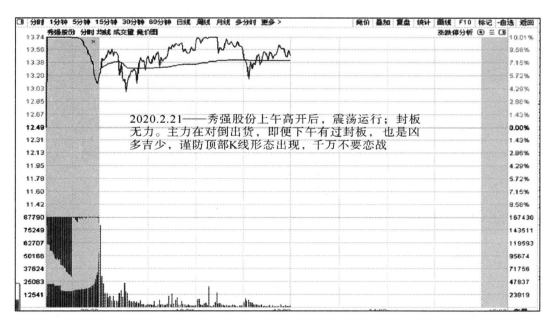

2020.2.21——秀强股份上午高开后，震荡运行；封板无力。主力在对倒出货，即便下午有过封板，也是凶多吉少，谨防顶部K线形态出现，千万不要恋战

图 2-9

图2-9中的分析："2020.2.21——秀强股份上午高开后，震荡运行；封板无力。主力在对倒出货，即便下午封板，也是凶多吉少，谨防顶部 K 线形态出现，千万不要恋战。"

这个分析图当天 13∶07 发布在"云掌财经"上，标题是"谨防妖股的顶部 K 线形态"，如图 2-10 我在"云掌财经"（链接：http：//m.123.com.cn/share/course/216.html）发的观点所示：

图 2-10

秀强股份下午开盘后，14∶04 封板数据，如图 2-11 所示：

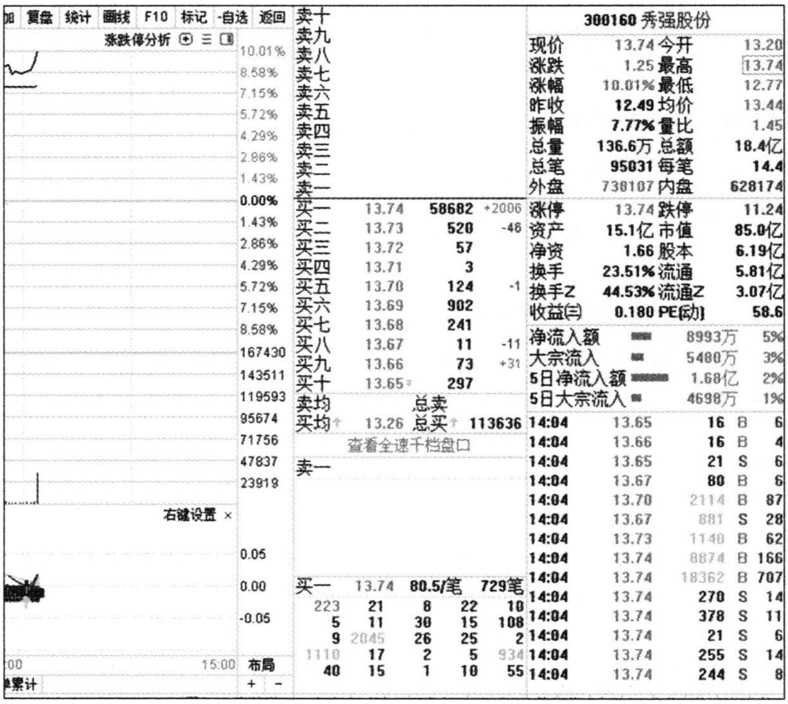

图 2-11

　　秀强股份 14:04 封板，正像我分析的那样"即便下午封板，也是凶多吉少，谨防顶部 K 线形态出现，千万不要恋战"；它封板 6 分钟后，14:11 开板，如图 2－12 所示：

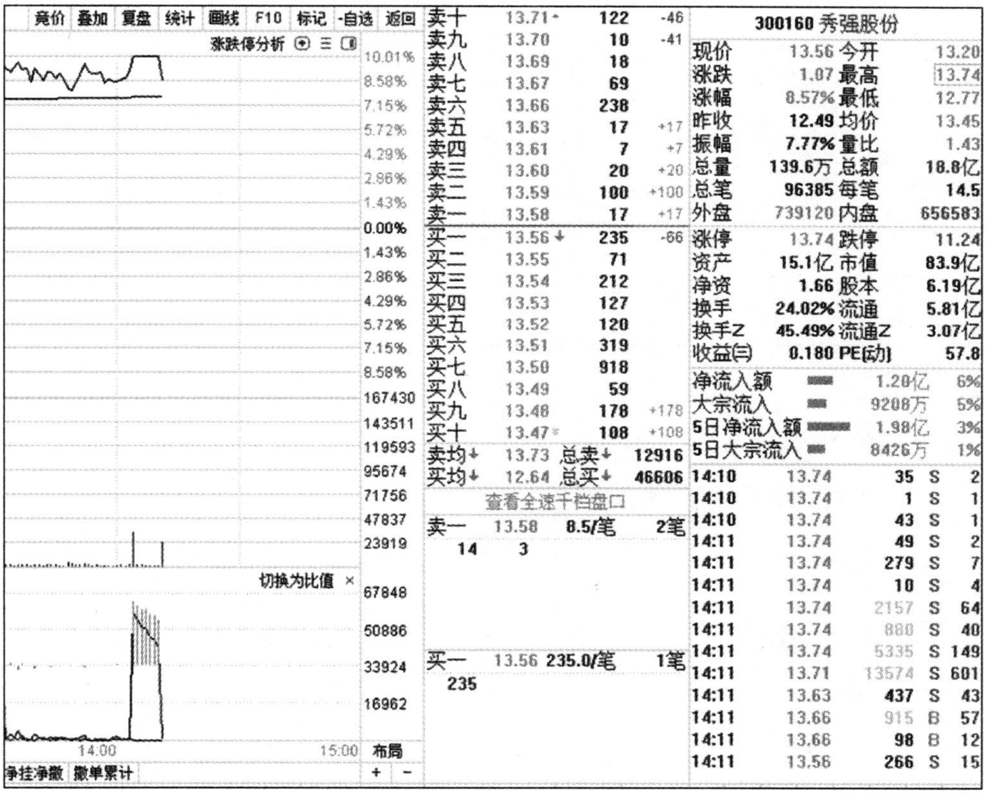

图 2－12

下午 14:16—14:17 分时走势图，秀强股份大跳水，如图 2-13 所示：

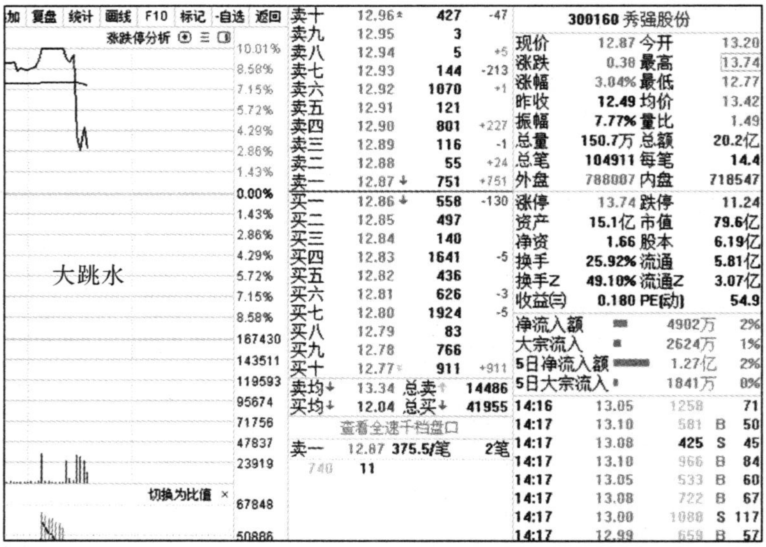

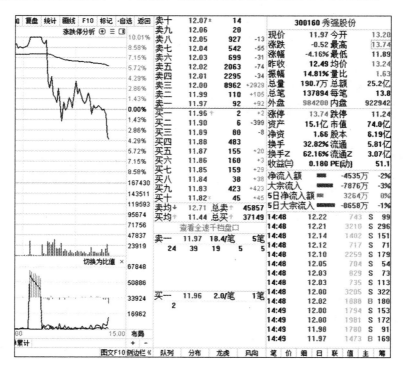

图 2-13

秀强股份大跳水后反弹 4 个多点，然后再次下跌，如图 1-14 所示：

图 2-14

秀强股份收盘时分时图数据截图，如图 2－15 所示：

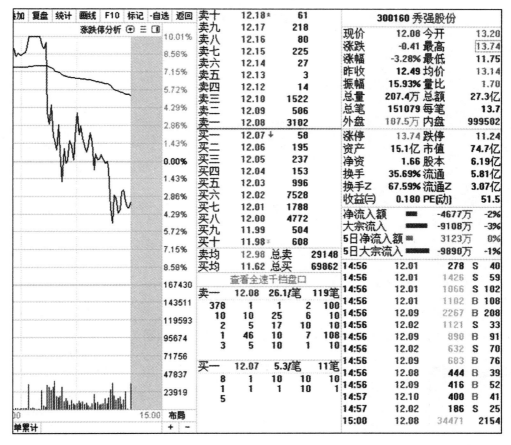

图 2－15

秀强股份 2 月 21 日分时走势图，如图 2-16 所示：

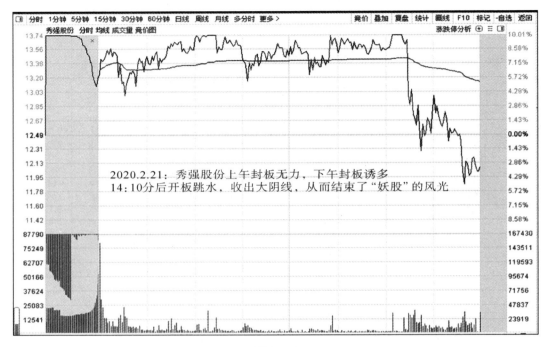

图 2-16

2020 年 2 月 21 日星期五秀强股份 K 线形态走势图，如图 2-17 所示：

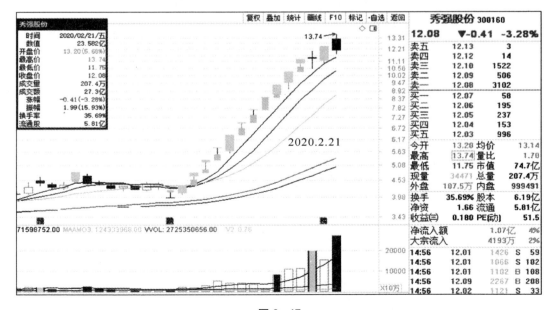

图 2-17

表 2-2

【交易日期】2020-02-21 日振幅达15%
涨跌幅:-% 成交量:20740.00万股 成交金额:272535.00万元

| 买入金额排名前5名营业部 | | |
| --- | --- | --- |
| 营业部名称 | 买入金额(万元) | 卖出金额(万元) |
| 国融证券股份有限公司重庆分公司 | 4089.67 | 0.27 |
| 华福证券有限责任公司泉州分公司 | 2765.92 | 1319.23 |
| 华泰证券股份有限公司成都蜀金路证券营业部 | 2461.11 | 1600.02 |
| 中信证券股份有限公司上海东方路证券营业部 | 2361.92 | 1021.32 |
| 国融证券股份有限公司呼和浩特如意西街证券营业部 | 2269.80 | - |
| 卖出金额排名前5名营业部 | | |
| 营业部名称 | 买入金额(万元) | 卖出金额(万元) |
| 中国银河证券股份有限公司北京中关村大街证券营业部 | 369.83 | 6174.12 |
| 国盛证券有限责任公司宁波桑田路证券营业部 | 31.76 | 2894.74 |
| 兴业证券股份有限公司深圳侨香路证券营业部 | 925.77 | 2743.06 |
| 华泰证券股份有限公司南京浦泗路证券营业部 | 66.83 | 2656.92 |
| 西藏东方财富证券股份有限公司拉萨团结路第二证券营业 | 2165.69 | 2237.10 |

　　从表 2-2 的龙虎榜数据中我们看到,一线游资在巨量卖出,二线游资在对倒卖出,名不见经传的游资在买进。

　　至此,我们看到了 2 月 21 日秀强股份大阴线完整的形成过程。希望大家学会大阴线的判断方法,在顶部及时获利出局。大阴线后就是下跌。如图 2-19 所示:

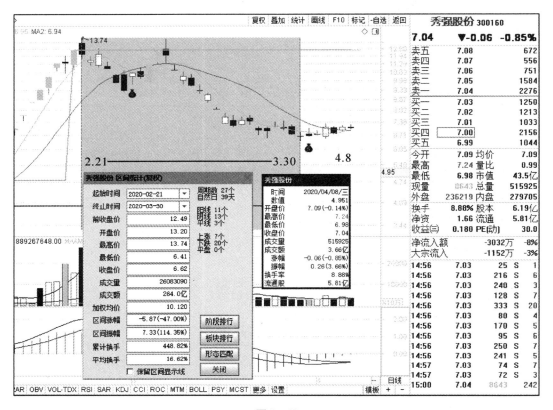

图 2-19

思考题

1. 如何判断顶部的 K 线形态？

2. 如何在分时图上分析主力出货？

3. 主力出货时有何应对策略？

4. 怎样进入交易三重境界的第三境界？

王国维在《人间词话》里总结成功需要经过的三种境界：

第一，"昨夜西风凋碧树，独上高楼，望尽天涯路"；

第二，"衣带渐宽终不悔，为伊消得人憔悴"；

第三，"众里寻他千百度，蓦然回首，那人却在，灯火阑珊处"。

# 第三章
# 道恩股份携 "口罩" 一路涨停

## 第一板　2020.2.21 龙回头涨停板

2020 年春节过后，新冠肺炎疫情防控工作到了关键阶段，口罩需求量与日俱增，防疫物资的生产供应牵动人心。道恩股份从 1 月 26 日开始，每天 24 小时满负荷生产，当时的日产量是 120 吨。随着疫情发展，客户订单接踵而至。

此外，道恩股份与大韩油化工业株式会社合资成立的大韩道恩（上海）公司也在紧锣密鼓转产增产。该公司在原来日产量 15 吨的基础上，产能扩大了一倍，日产量达到 30 吨。

截至 2 月 18 日，道恩股份已经累计向湖北、广东、江苏、上海、山东等 20 多个省份的客户，发送了近 3000 吨口罩布聚丙烯熔喷专用料。

道恩股份董事长于晓宁说："我们要不惜代价、分秒必争，科学组织生产，最大程度释放产能，最大限度保障口罩布聚丙烯熔喷专用料供给。"

2020 年 2 月 21 日星期五，道恩股份开盘后 4 分钟一路拉升 7 个多点，呈现出强烈的上涨态势，在盘中 9:50 我快速告诉了朋友"道恩股份创出调整以来的新高，可以在目前回调逢低介入"，如图 3—1 所示：

图 3-1

5 分钟后，10：00 道恩股份封涨停板，如图 3-2 所示：

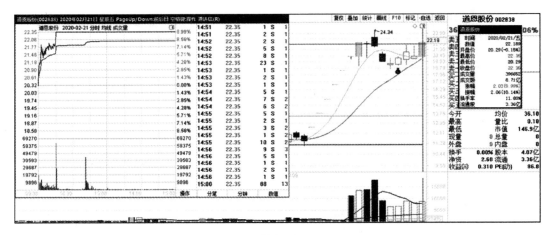

图 3-2

这是道恩股份在第一波上涨回调后于 2 月 21 日拉出的第一个涨停板，这个涨停板就是强势的龙回头。

# 第二板　2020.2.24跳空高开一字板

2020年2月24日，我在盘前分析中写道"关注口罩概念龙回头的机会"，如图3-3所示：

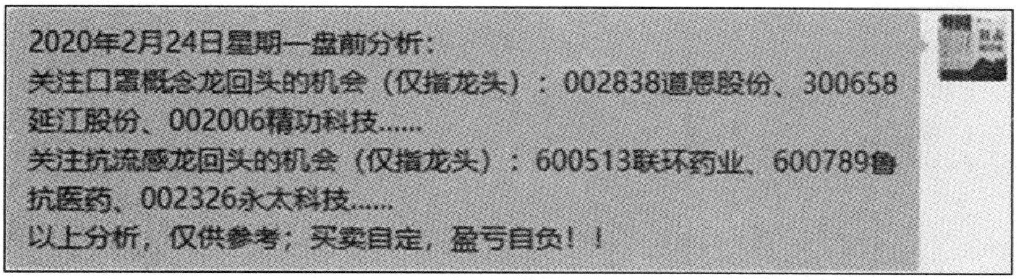

```
2020年2月24日星期一盘前分析：
关注口罩概念龙回头的机会（仅指龙头）：002838道恩股份、300658
延江股份、002006精功科技……
关注抗流感龙回头的机会（仅指龙头）：600513联环药业、600789鲁
抗医药、002326永太科技……
以上分析，仅供参考；买卖自定，盈亏自负！！
```

图3-3

热点龙头一旦涨停板其威力就显现了出来，2月24日当天，道恩股份开盘就是一字板，一直到收盘，如图3-3所示。当天盘前分析的几只股票，口罩概念里的300658延江股份、002006精功科技虽然当天也涨停板，但其后的走势就大不如龙头股道恩股份。另外，抗流感概念的"三剑客"联环药业、鲁抗医药、四环生物虽然次日也涨停板了，但其后并没有再起波澜。实例告诉我们，市场主力只选择龙头在攻击，只选择热点在攻击；此外的股票都是跟风的。只有龙头能持续创出新高，跟风的会不断地掉队……事实一再告诉我们，炒股要想盈利，就要紧紧地跟上热点龙头才能成功，除此而外的操作，既浪费了时间，又浪费了资金。

2020 年 2 月 24 日星期一道恩股份收盘 K 线截图，如图 3－4 所示：

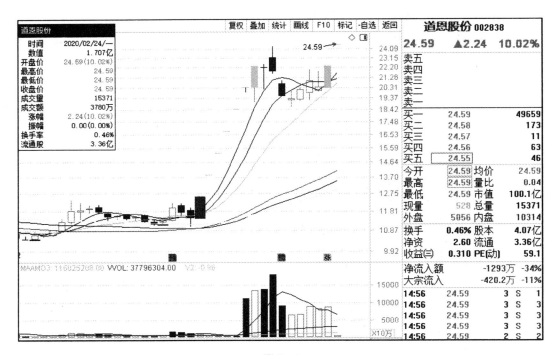

图 3－4

2020 年 2 月 24 日星期一道恩股份收盘分时截图，如图 3－5 所示：

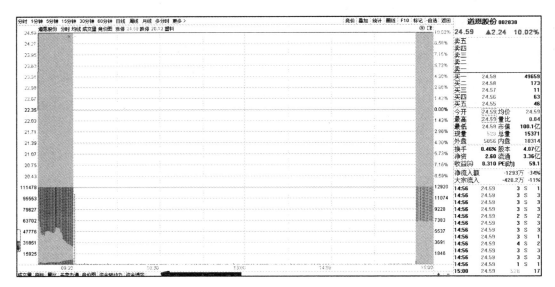

图 3－5

2020 年 2 月 24 日星期一延江股份收盘 K 线截图，如图 3－6 所示：

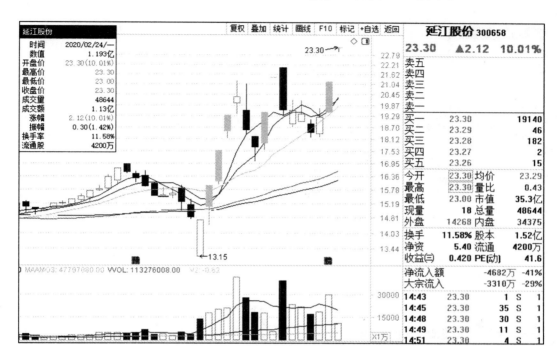

图 3－6

2020 年 2 月 24 日星期一延江股份收盘分时截图，如图 3－7 所示：

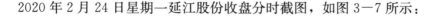
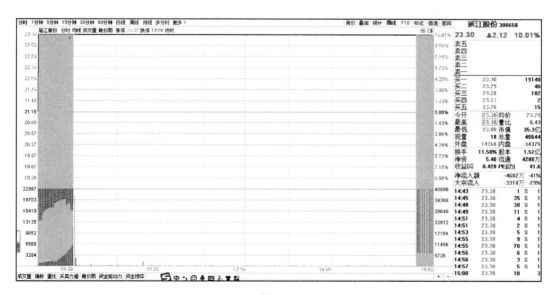

图 3－7

2020 年 2 月 24 日星期一精功科技收盘 K 线截图，如图 3－8 所示：

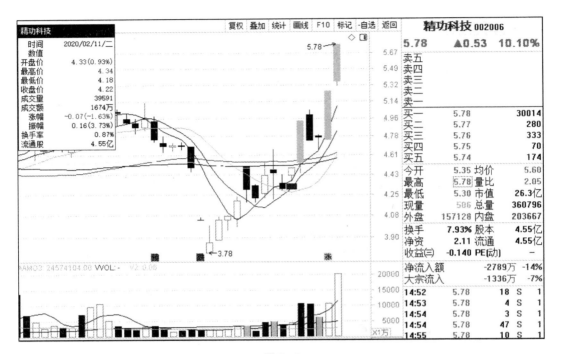

图 3－8

2020 年 2 月 24 日星期一精功科技收盘分时截图，如图 3－9 所示：

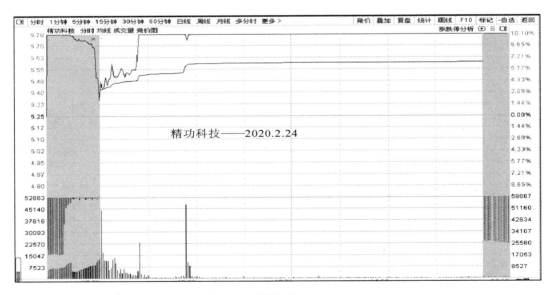

图 3－9

2020 年 2 月 24 日星期一泰达股份收盘 K 线截图，如图 3－10 所示：

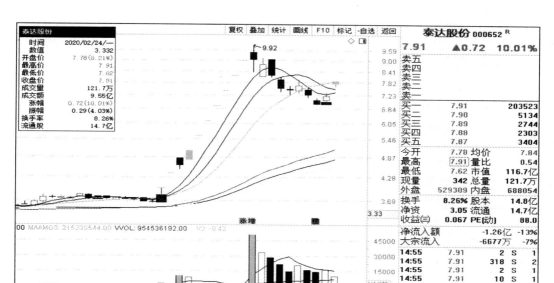

图 3－10

2020 年 2 月 24 日星期一泰达股份收盘分时截图，如图 3－11 所示：

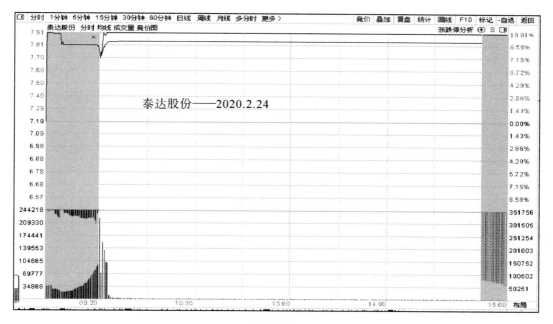

图 3－11

2020 年 2 月 24 日星期一收盘数据截图，如图 3－12 所示：

| | 代码 | 名称 | 涨幅% | 现价 | 涨跌 | 买价 | 卖价 |
|---|---|---|---|---|---|---|---|
| 1 | 999999 | 上证指数 | -0.28 | 3031.23 | -8.44 | -- | -- |
| 2 | 399001 | 深证成指 | 1.23 | 11772.38 | 142.68 | 2020.2.24 收盘数据 | -- |
| 3 | 399006 | 创业板指 | 1.68 | 2263.97 | 37.33 | | |
| 4 | 399005 | 中小板指 | 1.30 | 7786.66 | 99.78 | -- | -- |
| 5 | 002838 | 道恩股份 | 10.02 | 24.59 | 2.24 | 24.59 | -- |
| 6 | 300658 | 延江股份 | 10.01 | 23.30 | 2.12 | 23.30 | -- |
| 7 | 002006 | 精功科技 | 10.10 | 5.78 | 0.53 | 5.78 | -- |

行情报价　资金驱动力　资金博弈　DDE排名　多空阵线

同步

图 3－12

## 第三板　2020.2.25 继续跳空高开一字板

2020 年 2 月 25 日星期二盘前分析口罩防护概念的总龙头 02838 道恩股份，具体分析如图 3-13 所示：

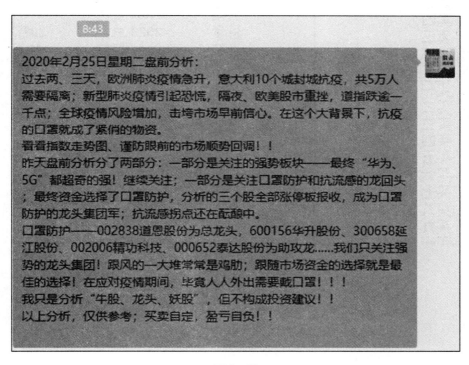

2020年2月25日星期二盘前分析：

过去两、三天，欧洲肺炎疫情急升，意大利10个城封城抗疫，共5万人需要隔离；新型肺炎疫情引起恐慌，隔夜、欧美股市重挫，道指跌逾一千点；全球疫情风险增加，击垮市场早前信心。在这个大背景下，抗疫的口罩就成了紧俏的物资。

看看指数走势图、谨防眼前的市场顺势回调！！

昨天盘前分析分了两部分：一部分是关注的强势板块——最终"华为、5G"都超奇的强！继续关注；一部分是关注口罩防护和抗流感的龙回头；最终资金选择了口罩防护，分析的三个股全部涨停板报收，成为口罩防护的龙头集团军；抗流感拐点还在酝酿中。

口罩防护——002838道恩股份为总龙头，600156华升股份、300658延江股份、002006精功科技、000652泰达股份为助攻龙……我们只关注强势的龙头集团！跟风的一大堆常常是鸡肋；跟随市场资金的选择就是最佳的选择！在应对疫情期间，毕竟人人外出需要戴口罩！！！

我只是分析"牛股、龙头、妖股"，但不构成投资建议！！

以上分析，仅供参考；买卖自定，盈亏自负！！

图 3-13

2020 年 2 月 25 日，道恩股份集合竞价后开盘数据，如图 3—14 所示：

**002838 道恩股份**

| 现价 | 27.05 | 今开 | 27.05 |
|---|---|---|---|
| 涨跌 | 2.46 | 最高 | 27.05 |
| 涨幅 | 10.00% | 最低 | 27.05 |
| 昨收 | 24.59 | 均价 | 27.05 |
| 振幅 | 0.00% | 量比 | 1.77 |
| 总量 | 2324 | 总额 | 629万 |
| 总笔 | 111 | 每笔 | 20.9 |
| 外盘 | 1162 | 内盘 | 1162 |
| 涨停 | 27.05 | 跌停 | 22.13 |
| 资产 | 19.0亿 | 市值 | 110.1亿 |
| 净资 | 2.60 | 股本 | 4.07亿 |
| 换手 | 0.07% | 流通 | 3.36亿 |
| 换手Z | 0.19% | 流通Z | 1.20亿 |
| 收益(三) | 0.310 | PE(动) | 65.1 |

09:25  27.05  2324  111

| 卖十 | | |
| 卖九 | | |
| 卖八 | | |
| 卖七 | | |
| 卖六 | | |
| 卖五 | | |
| 卖四 | | |
| 卖三 | | |
| 卖二 | | |
| 卖一 | | |
| 买一 | 27.05 | 158007 |
| 买二 | 27.04 | 450 |
| 买三 | 27.03 | 9 |
| 买四 | 27.02 | 440 |
| 买五 | 27.01 | 36 |
| 买六 | 27.00 | 417 |
| 买七 | 26.99 | 29 |
| 买八 | 26.98 | 10 |
| 买九 | 26.97 | 15 |
| 买十 | 26.03 | 1 |

图 3—14

2020 年 2 月 25 日上午收盘数据，如图 3—15 所示：

| | 代码 | 名称 | | 涨幅% | 现价 | 涨跌 | 买价 | 卖价 | 总量 |
|---|---|---|---|---|---|---|---|---|---|
| 1 | 999999 | 上证指数 | | -2.00 | 2970.63 | -60.60 | -- | | 2.91亿 |
| 2 | 399001 | 深证成指 | | -1.74 | 11567.77 | -204.61 | 2020.2.25 上午收盘数据 | | 4.85亿 |
| 3 | 399006 | 创业板指 | | -1.96 | 2219.51 | -44.46 | -- | -- | 1.33亿 |
| 4 | 399005 | 中小板指 | | -1.24 | 7689.92 | -96.74 | -- | | 2.18亿 |
| 5 | 002838 | 道恩股份 | | 10.00 | 27.05 | 2.46 | 27.05 | -- | 25561 |
| 6 | 300658 | 延江股份 | | 10.00 | 25.63 | 2.33 | 25.63 | -- | 104517 |
| 7 | 002006 | 精功科技 | | -1.38 | 5.70 | -0.08 | 5.69 | 5.70 | 486891 |
| 8 | 600156 | 华升股份 | | 10.05 | 6.13 | 0.56 | 6.13 | -- | 695969 |
| 9 | 000652 | 泰达股份 | R | 9.99 | 8.70 | 0.79 | 8.70 | -- | 129.8万 |

图 3—15

2020 年 2 月 25 日星期二道恩股份收盘 K 线截图，如图 3—16 所示：

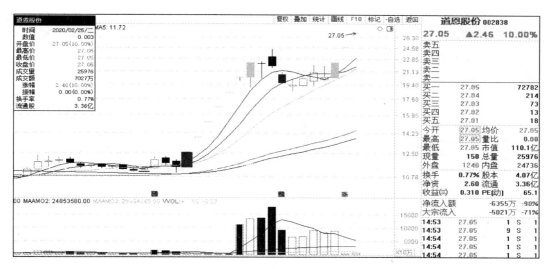

图 3—16

2020 年 2 月 25 日买入卖出金额如表 3—1 所示：

表 3—1

【交易日期】2020-02-25 三日涨幅偏离值累计达20%
偏离值:26.21% 成交量:4380.00万股 成交金额:97908.00万元

| 买入金额排名前5名营业部 | | |
|---|---|---|
| 营业部名称 | 买入金额(万元) | 卖出金额(万元) |
| 华泰证券股份有限公司太原体育路证券营业部 | 2866.36 | 1.36 |
| 招商证券股份有限公司深圳深南大道车公庙证券营业部 | 2434.47 | 18.44 |
| 国泰君安证券股份有限公司兴义瑞金大道证券营业部 | 2234.85 | - |
| 中国中金财富证券有限公司汉中南团结街证券营业部 | 2103.68 | - |
| 华泰证券股份有限公司深圳彩田路证券营业部 | 1688.78 | 24.92 |
| 卖出金额排名前5名营业部 | | |
| 营业部名称 | 买入金额(万元) | 卖出金额(万元) |
| 光大证券股份有限公司顺德北滘碧桂园证券营业部 | 722.29 | 4574.11 |
| 安信证券股份有限公司梅州五华证券营业部 | - | 4051.16 |
| 长江证券股份有限公司黄冈赤壁大道证券营业部 | - | 1780.78 |
| 光大证券股份有限公司佛山顺德北滘证券营业部 | 222.29 | 1638.74 |
| 华鑫证券有限责任公司上海自贸试验区分公司 | 375.12 | 1562.51 |

2020 年 2 月 25 日星期二华升股份收盘 K 线截图，如图 3-17 所示：

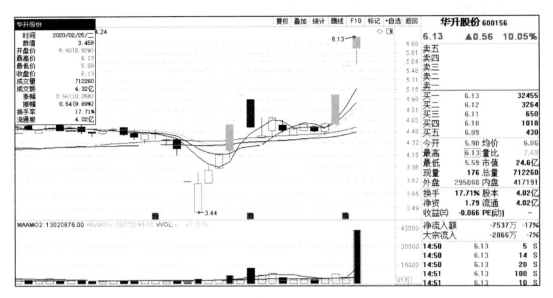

图 3-17

2020 年 2 月 25 日星期二华升股份收盘分时截图，如图 3-18 所示：

图 3-18

2020 年 2 月 25 日星期二延江股份收盘 K 线截图，如图 3－19 所示：

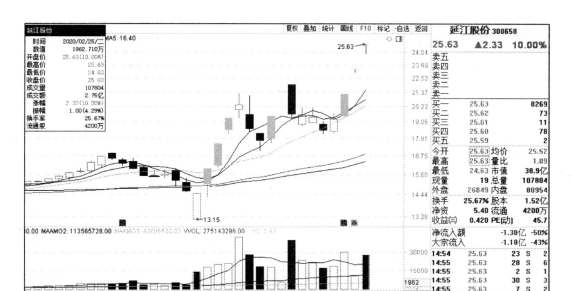

图 3－19

2020 年 2 月 25 日星期二延江股份收盘分时截图，如图 3－20 所示：

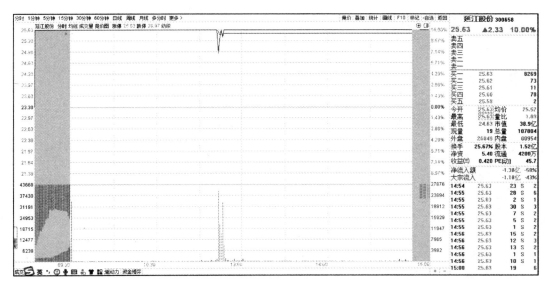

图 3－20

2020 年 2 月 25 日星期二精功科技收盘 K 线截图，如图 3—21 所示：

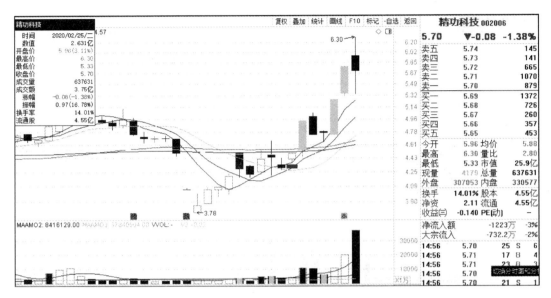

图 3—21

2020 年 2 月 25 日星期二精功科技收盘分时截图，如图 3—22 所示：

图 3—22

2020 年 2 月 25 日星期二泰达股份收盘 K 线截图，如图 3-23 所示：

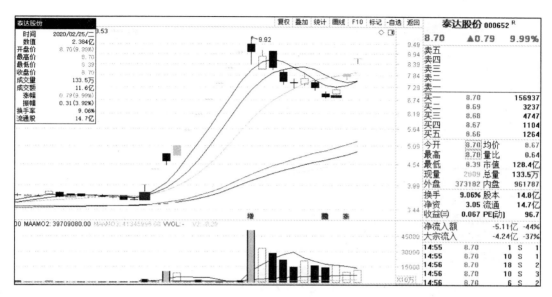

图 3-23

2 月 25 日盘中，读者在微信上发来消息，如图 3-24 所示：

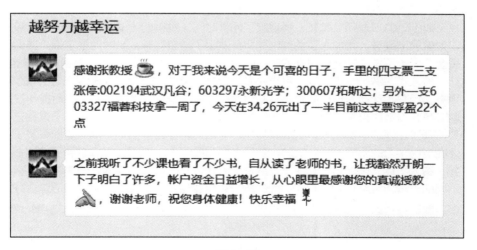

图 3-24

如图 3—25 所示，我也发消息问道：

以前在哪里听的课？什么课？空了讲一下

图 3—25

图 3—16 是他写的，涉及的具体人名我遮盖了：

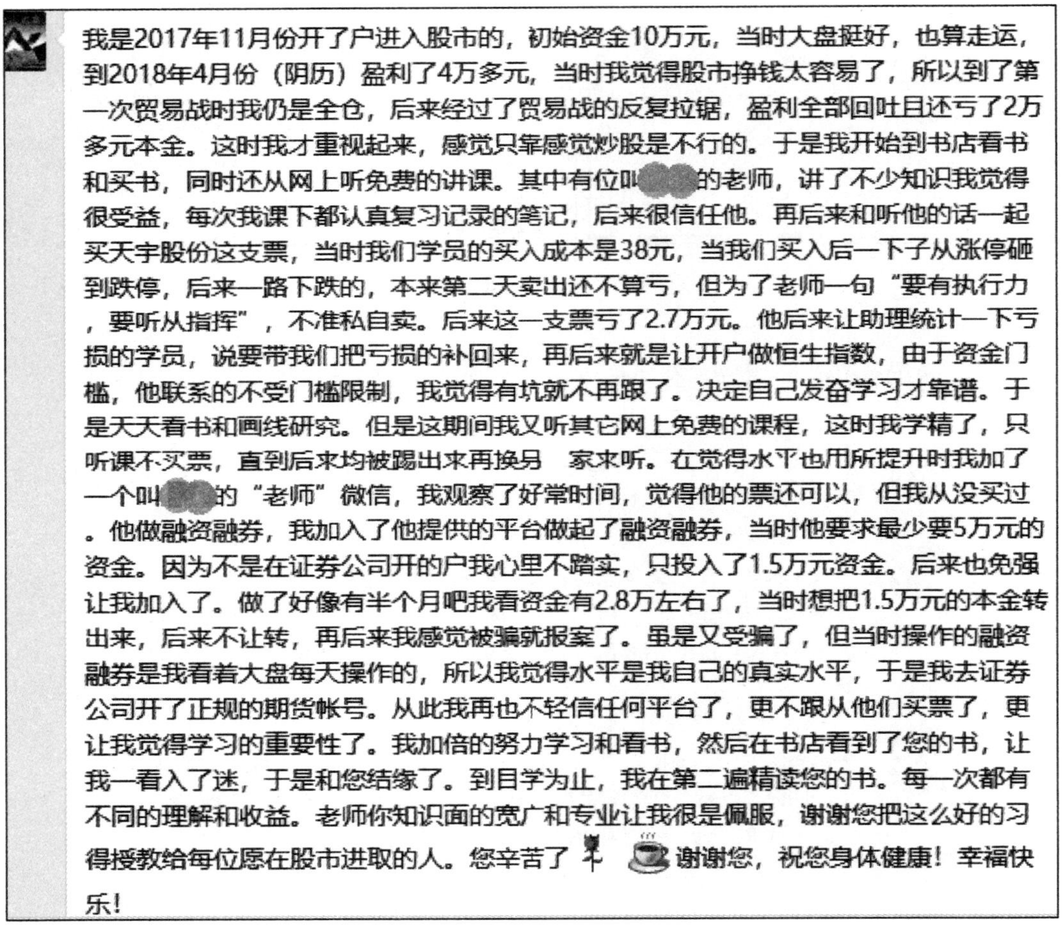

我是2017年11月份开了户进入股市的，初始资金10万元，当时大盘挺好，也算走运，到2018年4月份（阴历）盈利了4万多元，当时我觉得股市挣钱太容易了，所以到了第一次贸易战时我仍是全仓，后来经过了贸易战的反复拉锯，盈利全部回吐且还亏了2万多元本金。这时我才重视起来，感觉只靠感觉炒股是不行的。于是我开始到书店看书和买书，同时还从网上听免费的讲课。其中有位叫██的老师，讲了不少知识我觉得很受益，每次我课下都认真复习记录的笔记，后来很信任他。再后来和听他的话一起买天宇股份这支票，当时我们学员的买入成本是38元，当我们买入后一下子从涨停砸到跌停，后来一路下跌的，本来第二天卖出还不算亏，但为了老师一句"要有执行力，要听从指挥"，不准私自卖。后来这一支票亏了2.7万元。他后来让助理统计一下亏损的学员，说要带我们把亏损的补回来，再后来就是让开户做恒生指数，由于资金门槛，他联系的不受门槛限制，我觉得有坑就不再跟了。决定自己发奋学习才靠谱。于是天天看书和画线研究。但是这期间我又听其它网上免费的课程，这时我学精了，只听课不买票，直到后来均被踢出来再换另 家来听。在觉得水平也用所提升时我加了一个叫██的"老师"微信，我观察了好常时间，觉得他的票还可以，但我从没买过。他做融资融券，我加入了他提供的平台做起了融资融券，当时他要求最少要5万元的资金。因为不是在证券公司开的户我心里不踏实，只投入了1.5万元资金。后来也免强让我加入了。做了好像有半个月吧我看资金有2.8万左右了，当时想把1.5万元的本金转出来，后来不让转，再后来我感觉被骗就报案了。虽是又受骗了，但当时操作的融资融券是我看着大盘每天操作的，所以我觉得水平是我自己的真实水平，于是我去证券公司开了正规的期货帐号。从此我再也不轻信任何平台了，更不跟从他们买票了，更让我觉得学习的重要性。我加倍的努力学习和看书，然后在书店看到了您的书，让我一看入了迷，于是和您结缘了。到目学为止，我在第二遍精读您的书。每一次都有不同的理解和收益。老师你知识面的宽广和专业让我很是佩服，谢谢您把这么好的习得授教给每位愿在股市进取的人。您辛苦了🌹 ☕谢谢您，祝您身体健康！幸福快乐！

图 3—26

2020 年 2 月 25 日盘中微信群里读者的交流，如图 3—27 所示：

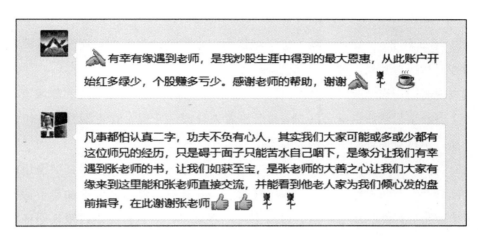

有幸有缘遇到老师，是我炒股生涯中得到的最大恩惠，从此账户开始红多绿少，个股赚多亏少。感谢老师的帮助，谢谢

凡事都怕认真二字，功夫不负有心人，其实我们大家可能或多或少都有这位师兄的经历，只是碍于面子只能苦水自己咽下，是缘分让我们有幸遇到张老师的书，让我们如获至宝，是张老师的大善之心让我们大家有缘来到这里能和张老师直接交流，并能看到他老人家为我们倾心发的盘前指导，在此谢谢张老师

图 3—27

2020 年 2 月 25 日星期二收盘截图，分析 10 只股票，一只收阴，9 只涨停或接近涨停，如图 3—28 所示：

| 同步 | 代码 | 名称 | · | 涨幅% | 现价 | 涨跌 | 买价 | 卖价 | 总量 |
|---|---|---|---|---|---|---|---|---|---|
| 1 | 999999 | 上证指数 | | -0.60 | 3013.05 | -18.18 | 10只股票中一只收阴，9只涨停或接近涨停 | | 4.42亿 |
| 2 | 399001 | 深证成指 | | 0.71 | 11856.08 | 83.70 | | | 7.31亿 |
| 3 | 399006 | 创业板指 | | 1.03 | 2287.31 | 23.34 | | | 2.04亿 |
| 4 | 399005 | 中小板指 | | 1.21 | 7880.87 | 94.21 | -- | | 3.28亿 |
| 5 | 002838 | 道恩股份 | | 10.00 | 27.05 | 2.46 | 27.05 | -- | 25976 |
| 6 | 300658 | 延江股份 | | 10.00 | 25.63 | 2.33 | 25.63 | -- | 107804 |
| 7 | 002006 | 精功科技 | | -1.38 | 5.70 | -0.08 | 5.69 | 5.70 | 637631 |
| 8 | 600156 | 华升股份 | | 10.05 | 6.13 | 0.56 | 6.13 | -- | 712260 |
| 9 | 000652 | 泰达股份 | R | 9.99 | 8.70 | 0.79 | 8.70 | -- | 133.5万 |
| 10 | 600513 | 联环药业 | | 10.00 | 17.71 | 1.61 | 17.71 | -- | 864641 |
| 11 | 600789 | 鲁抗医药 | R | 9.97 | 13.68 | 1.24 | 13.68 | -- | 228.5万 |
| 12 | 002326 | 永太科技 | R | 9.65 | 16.59 | 1.46 | 16.59 | 16.60 | 146.5万 |
| 13 | 000518 | 四环生物 | | 9.98 | 6.28 | 0.57 | 6.28 | -- | 117.8万 |
| 14 | 300363 | 博腾股份 | | 10.02 | 23.93 | 2.18 | 23.93 | -- | 520108 |

图 3—28

# 第四板　2020.2.26 T字板

2020 年 2 月 26 日海外市场告急口罩供不应求情况或将加剧，亚洲、欧洲多地拉响了新型冠状病毒肺炎疫情的"红色警报"。

据央视新闻，当地时间 2 月 25 日，伊拉克卫生部发布声明称，在北部城市基尔库克新增 4 例新型冠状病毒确诊病例，4 名患者来自同一家庭，在近期曾前往伊朗并返回。目前，伊拉克累计确诊病例为 5 例。

当时我国口罩总体产能为 2000 万只/天，占全球近半产能规模，其中医用的外科口罩产能是 220 万只，医用 N95 口罩产能约为 60 万只。疫情暴发叠加春节假期，导致口罩生产企业产能利用率不足。口罩生产厂商众多，但具有医用口罩注册证的企业占比较低。机构认为，随着人类活动范围的扩张，当下生活环境的变化，以及交通便捷下的人口流动加速，传染病高发是长期趋势。未来国家和人民对社会公共卫生愈加重视，对口罩等防护用品的需求将持续加大。

2020 年 2 月 26 日盘前分析，如图 3－29 所示：

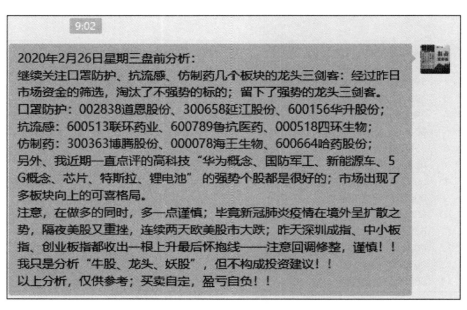

图 3－29

2020 年 2 月 26 日集合竞价开盘数据，如图 3－30 所示：

| | 代码 | 名称 | · | 涨幅% | 现价 | 涨跌 | 买价 | 卖价 | 总量 | 量比 |
|---|---|---|---|---|---|---|---|---|---|---|
| 1 | 999999 | 上证指数 | | 0.00 | 3013.05 | 0.00 | 2020.2.26 | -- | 0 | 0.00 |
| 2 | 399001 | 深证成指 | | -1.51 | 11677.63 | -178.45 | 集合竞价开盘数据 | | 832.6万 | 3.29 |
| 3 | 399006 | 创业板指 | | -1.69 | 2248.65 | -38.66 | -- | -- | 233.2万 | 3.28 |
| 4 | 399005 | 中小板指 | | -1.38 | 7772.38 | -108.49 | -- | -- | 393.9万 | 3.48 |
| 5 | 002838 | 道恩股份 | | 10.02 | 29.76 | 2.71 | 29.76 | -- | 9120 | 8.65 |

图 3－30

2020 年 2 月 26 日道恩股份收盘 K 线截图，如图 3－31 所示：

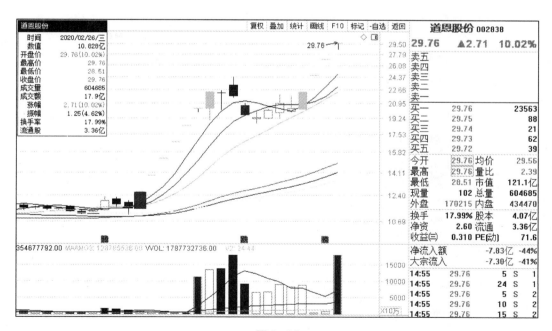

图 3－31

2020 年 2 月 26 日道恩股份收盘分时截图，如图 3－32 所示：

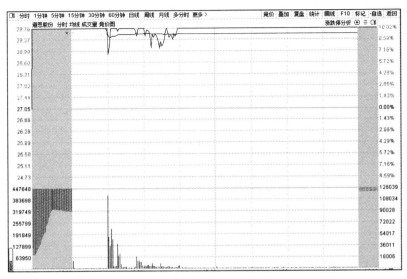

图 3－32

从表 3－2 中我们看到宁波桑田路著名游资在对倒交易，其他游资在买进。

表 3－2

【交易日期】2020-02-26 日涨幅偏离值达7%
偏离值:12.92% 成交量:6047.00万股 成交金额:178773.00万元

| 买入金额排名前5名营业部 | | |
| --- | --- | --- |
| 营业部名称 | 买入金额(万元) | 卖出金额(万元) |
| 国盛证券有限责任公司宁波桑田路证券营业部 | 25410.52 | 25337.66 |
| 招商证券股份有限公司深圳深南大道乚公庙证券营业部 | 3577.17 | 69.29 |
| 财通证券股份有限公司金华兰溪街证券营业部 | 2977.19 | 10.41 |
| 天风证券股份有限公司上海浦明路证券营业部 | 2838.95 | － |
| 招商证券股份有限公司深圳福华三路证券营业部 | 2836.17 | 3.86 |
| 卖出金额排名前5名营业部 | | |
| 营业部名称 | 买入金额(万元) | 卖出金额(万元) |
| 国盛证券有限责任公司宁波桑田路证券营业部 | 25410.52 | 25337.66 |
| 华泰证券股份有限公司太原体育路证券营业部 | 9.18 | 3736.10 |
| 国泰君安证券股份有限公司兴义瑞金大道证券营业部 | － | 2988.21 |
| 中国中金财富证券有限公司杭州环球中心证券营业部 | 2554.19 | 2551.86 |
| 太平洋证券股份有限公司北京海淀大街证券营业部 | － | 2436.10 |

## 第五天 2020.2.27收出"浪高线"

2020年2月27日星期四盘前分析，如图3-33所示：

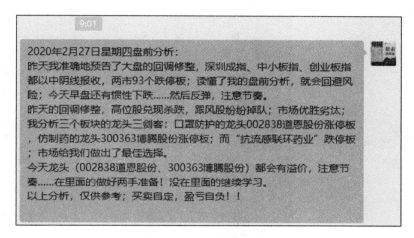

图 3-33

2020年2月27日截图——DIA道琼斯指数ETF，如图3-34所示：

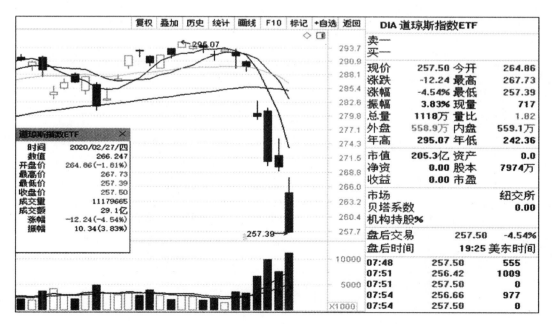

图 3-34

2020 年 2 月 27 日星期四道恩股份 13：15 盘中截图，如图 3－35 所示：

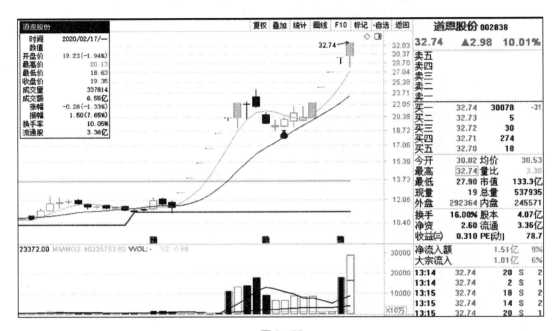

图 3－35

2020 年 2 月 27 日星期四道恩股份封板后盘中提示，如图 3－36 所示：

| 002838 道恩股份 | | | |
|---|---|---|---|
| 现价 | 32.74 | 今开 | 30.02 |
| 涨跌 | 2.98 | 最高 | 32.74 |
| 涨幅 | 10.01% | 最低 | 27.90 |
| 昨收 | 29.76 | 均价 | 30.65 |
| 振幅 | 16.26% | 量比 | 2.55 |
| 总量 | 569240 | 总额 | 17.4亿 |
| 总笔 | 66832 | 每笔 | 8.5 |
| 外盘 | 296595 | 内盘 | 272645 |
| 32.74 | 12342 | -353 涨停 | 32.74 跌停 | 26.78 |

谨防跳水

图 3－36

2020年2月27日星期四道恩股份收盘分时截图，如图3－37所示：

图 3-37

2020年2月27日星期四道恩股份收盘K线截图，如图3－38所示：

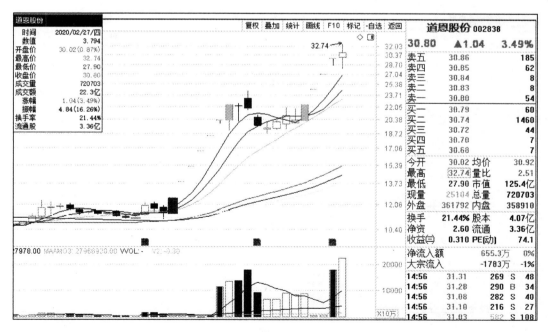

图 3-38

# 第五板　2020.2.28 跳空高开逆势封板

2020 年 2 月 28 日星期五盘前分析，如图 3—39 所示：

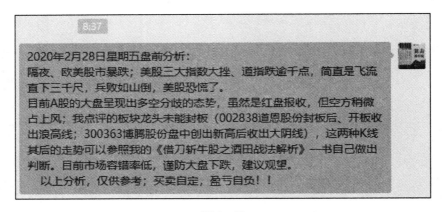

**2020年2月28日星期五盘前分析：**

隔夜、欧美股市暴跌；美股三大指数大挫、道指跌逾千点，简直是飞流直下三千尺，兵败如山倒，美股恐慌了。

目前A股的大盘呈现出多空分歧的态势，虽然是红盘报收，但空方稍微占上风；我点评的板块龙头未能封板（002838道恩股份封板后、开板收出浪高线；300363博腾股份盘中创出新高后收出大阴线），这两种K线其后的走势可以参照我的《借刀斩牛股之酒田战法解析》一书自己做出判断。目前市场容错率低，谨防大盘下跌，建议观望。

以上分析，仅供参考；买卖自定，盈亏自负！！

图 3—39

2020 年 2 月 28 日星期五道恩股份收盘 K 线截图，如图 3—40 所示：

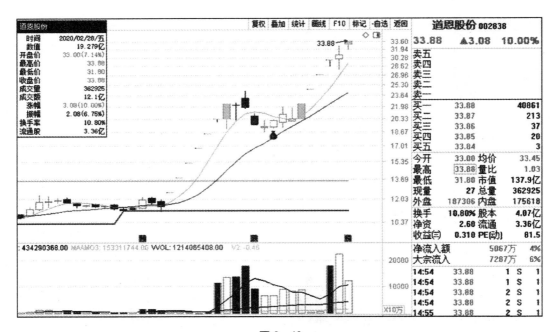

图 3—40

104

2020年2月28日道恩股份买进卖出金额，如表3-3所示：

表3-3

【交易日期】2020-02-28 日涨幅偏离值达7%
偏离值:14.86% 成交量:3629.00万股 成交金额:121407.00万元

| 买入金额排名前5名营业部 | | |
|---|---|---|
| 营业部名称 | 买入金额(万元) | 卖出金额(万元) |
| 海通证券股份有限公司北京中关村南大街证券营业部 | 2804.10 | 203.36 |
| 西藏东方财富证券股份有限公司拉萨团结路第二证券营业 | 1644.61 | 1401.99 |
| 中信证券股份有限公司上海恒丰路证券营业部 | 1244.96 | 15.76 |
| 西藏东方财富证券股份有限公司拉萨东环路第二证券营业 | 1190.72 | 1560.98 |
| 海通证券股份有限公司上海崇明区北门路证券营业部 | 1063.19 | 1234.88 |
| 卖出金额排名前5名营业部 | | |
| 营业部名称 | 买入金额(万元) | 卖出金额(万元) |
| 东北证券股份有限公司杭州教工路证券营业部 | - | 2006.10 |
| 中信证券股份有限公司深圳总部证券营业部 | 103.03 | 1728.80 |
| 西藏东方财富证券股份有限公司拉萨东环路第二证券营业 | 1190.72 | 1560.98 |
| 海通证券股份有限公司蚌埠中荣街证券营业部 | 1.69 | 1426.01 |
| 西藏东方财富证券股份有限公司拉萨团结路第二证券营业 | 1644.61 | 1401.99 |

盘中12:05我给学员点评道：道恩股份主力没有出，好好持有待涨，如图3-41所示：

图3-41

2020 年 2 月 28 日当天，沪深股市概念板块唯一红盘的是口罩防护概念，其他板块全部一片绿色，口罩防护板块竟然出现 20 个涨停板，如图 3－42 所示：

| | 代码 | 名称 | * | 涨幅% | 现价 | 涨跌 | 涨速% | 量比 | 涨跌数 | 涨 |
|---|---|---|---|---|---|---|---|---|---|---|
| 1 | 880795 | 口罩防护 | * | 0.72 | 1075.68 | 7.69 | 0.14 | 1.26 | 37/34 | |
| 2 | 880507 | 国防军工 | * | -6.21 | 1194.90 | -79.05 | 0.03 | 0.92 | 16/267 | |
| 3 | 880940 | PPP模式 | * | -3.79 | 442.65 | -17.46 | 0.07 | 1.09 | 14/158 | |
| 4 | 880524 | 含可转债 | * | -4.64 | 1312.45 | -63.89 | 0.06 | 0.89 | 11/217 | |
| 5 | 880911 | 雄安新区 | * | -4.32 | 1313.61 | -59.36 | 0.03 | 1.07 | 8/165 | |
| 6 | 880950 | 军民融合 | * | -5.96 | 858.08 | -54.38 | 0.03 | 0.87 | 14/187 | |
| 7 | 880917 | 央企改革 | * | -3.07 | 1430.85 | -45.28 | -0.04 | 1.11 | 18/189 | |
| 8 | 880908 | 在线教育 | * | -5.70 | 1019.30 | -61.56 | -0.03 | 1.16 | 9/86 | |
| 9 | 880704 | 工业大麻 | * | -2.98 | 745.36 | -22.91 | 0.10 | 1.04 | 10/59 | |
| 10 | 880583 | 充电桩 | * | -6.03 | 1699.89 | -109.16 | 0.04 | 1.00 | 7/67 | |
| 11 | 880544 | 光伏概念 | * | -5.69 | 1665.94 | -100.47 | -0.13 | 0.96 | 12/161 | |
| 12 | 880516 | ST板块 | * | -2.90 | 799.50 | -23.88 | -0.04 | 1.15 | 10/121 | |
| 13 | 880963 | 华为概念 | * | -6.34 | 2022.54 | -136.83 | 0.01 | 0.90 | 16/303 | |
| 14 | 880951 | 新能源车 | * | -6.36 | 826.42 | -56.12 | 0.04 | 0.91 | 9/188 | |
| 15 | 880928 | 抗流感 | * | -1.95 | 1464.70 | -29.14 | 0.11 | 0.85 | 13/36 | |
| 16 | 880913 | 基因概念 | * | -2.38 | 1988.41 | -48.46 | 0.23 | 1.01 | 8/36 | |
| 17 | 880904 | 智能机器 | * | -6.31 | 2263.23 | -152.31 | 0.05 | 0.88 | 8/148 | |
| 18 | 880902 | 特斯拉 | * | -6.69 | 1931.98 | -138.47 | 0.05 | 0.85 | 10/134 | |
| 19 | 880597 | 养老概念 | * | -3.66 | 1239.17 | -47.05 | 0.31 | 0.92 | 4/43 | |

行情报价　资金驱动力　资金博弈　DDE排名　多空阵线
全部板块　行业板块　概念板块　风格板块　地区板块　沪深统计　　　　　板块地图　主题投资　热点专题　2020.2.28

图 3－42

2020 年 2 月 28 日星期五上证指数收盘 K 线截图，如图 3－43 所示：

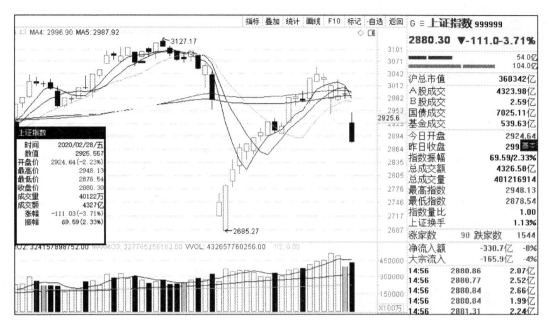

图 3－43

2020 年 2 月 28 日星期五上证指数收盘分时截图，如图 3－44 所示：

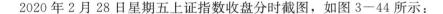
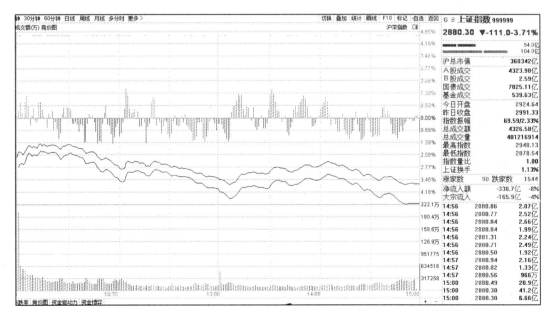

图 3－44

2020 年 2 月 28 日星期五深证成指收盘 K 线截图，如图 3-45 所示：

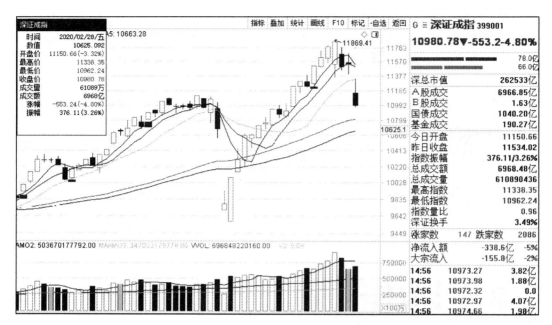

图 3-45

2020 年 2 月 28 日星期五深证成指收盘分时截图，如图 3-46 所示：

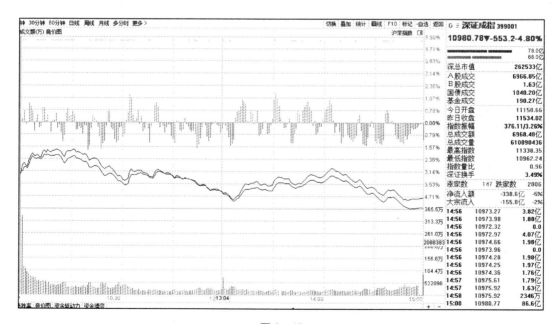

图 3-46

2020 年 2 月 28 日星期五中小板指收盘 K 线截图，如图 3－47 所示：

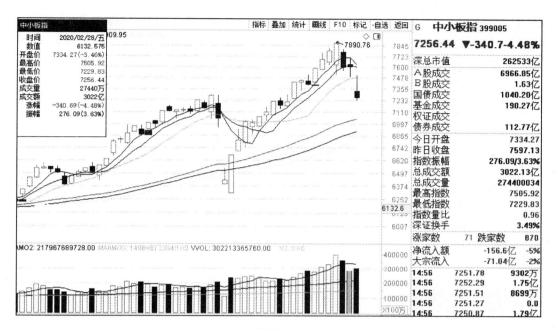

图 3－47

2020 年 2 月 28 日星期五中小板指收盘分时截图，如图 3－48 所示：

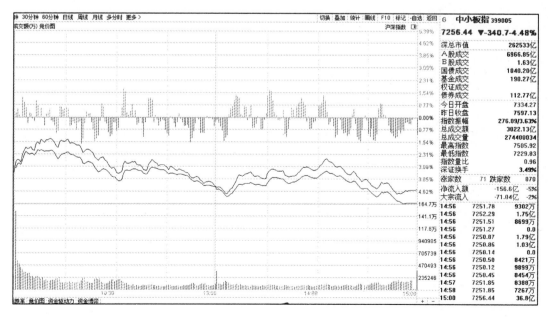

图 3－48

109

2020 年 2 月 28 日星期五创业板指收盘 K 线截图，如图 3－49 所示：

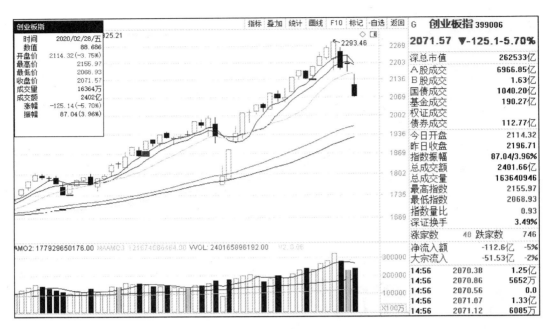

图 3－49

2020 年 2 月 28 日星期五创业板指收盘分时截图，如图 3－50 所示：

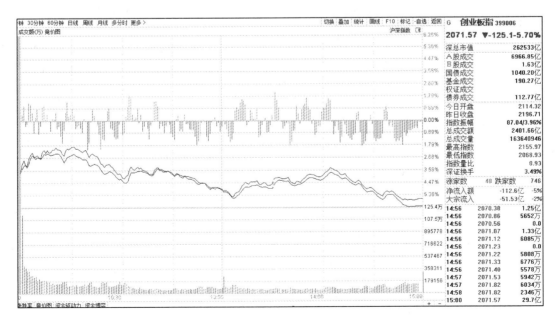

图 3－50

2020年2月28日在大盘大跌之下，002062宏润建设却逆势封板，这就是强势股，如图3－51、3－52所示：

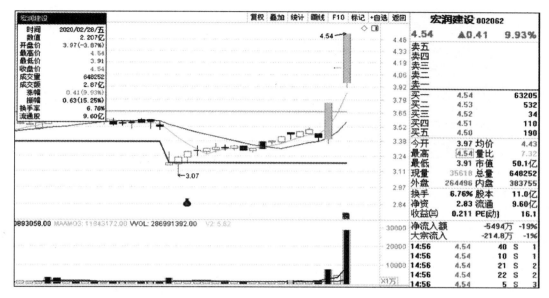

图3－51

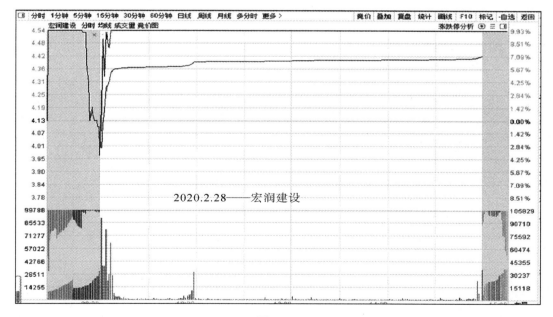

图3－52

2020 年 3 月 1 日星期日我在微信群中发了一条消息，如图 3－53 所示：

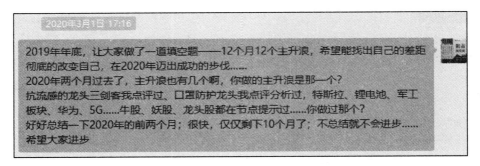

图 3－53

# 第六板　2020.3.2再次跳空高开封板

2020年3月2日海外口罩需求量激增，防护用品战略地位进一步提高。数据显示，近一个月，韩国的口罩需求大幅上升，医用口罩的增长高达7650％，同时，测温仪的需求增速已经达到3100％。

此外，美国已出现2.7亿只的口罩缺口。世界卫生组织总干事指出，口罩等个人防护用品的需求量已是正常水平的100倍，价格则是正常水平的20倍，且由于广泛地、不恰当地使用个人防护用品，这种短缺情况进一步加重。分析认为，长期看，防护类产品的战略地位有望进一步提高。

2020年3月2日星期一盘前分析，如图3-54所示：

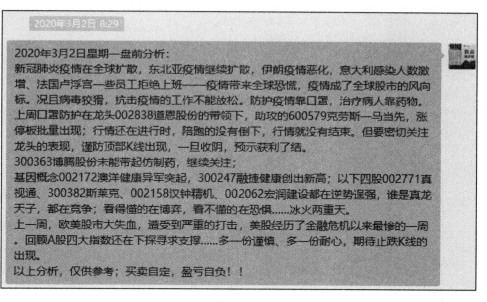

图3-54

113

2020 年 3 月 2 日，道恩股份开盘 12 分钟后封板，如图 3－55 所示：

| | | | | | | | 002838 道恩股份 | | | |
|---|---|---|---|---|---|---|---|---|---|---|
| 进选 | 返回 | 卖十 | | | | 现价 | 37.27 | 今开 | 36.66 | |
| 10.01% | | 卖九 | | | | 涨跌 | 3.39 | 最高 | 37.27 | |
| 8.58% | | 卖八 | | | | 涨幅 | 10.01% | 最低 | 34.62 | |
| 7.15% | | 卖七 | | | | 昨收 | 33.88 | 均价 | 36.52 | |
| 5.72% | | 卖六 | | | | 振幅 | 7.82% | 量比 | 13.21 | |
| 4.29% | | 卖五 | | | | 总量 | 266568 | 总额 | 9.73亿 | |
| 2.86% | | 卖四 | | | | 总笔 | 34528 | 每笔 | 7.7 | |
| 1.43% | | 卖三 | | | | 外盘 | 145810 | 内盘 | 120758 | |
| 0.00% | | 卖二 卖一 | | | | | | | | |
| | | 买一 | 37.27 | 24865 | +85 | 涨停 | 37.27 | 跌停 | 30.49 | |
| 1.43% | | 买二 | 37.26 | 56 | +1 | 资产 | 19.0亿 | 市值 | 151.7亿 | |
| 2.86% | | 买三 | 37.25 | 4 | +3 | 净资 | 2.60 | 股本 | 4.07亿 | |
| 4.29% | | 买四 | 37.24 | 68 | | 换手 | 7.93% | 流通 | 3.36亿 | |
| 5.72% | | 买五 | 37.23 | 1 | -1 | 换手Z | 22.30% | 流通Z | 1.20亿 | |
| 7.15% | | 买六 | 37.22 | 6 | -26 | 收益(三) | 0.310 | PE(动) | 89.6 | |
| 8.58% | | 买七 | 37.20 | 69 | | | | | | |
| 113797 | | 买八 | 37.19 | 31 | | 净流入额 | | 2792万 | 3% | |
| 97540 | | 买九 | 37.18 | 3 | | 大宗流入 | | -200.9万 | -0% | |
| 81284 | | 买十 | 37.17 | 52 | -1 | 09:42 | 37.27 | 503 | B | 109 |
| 65027 | | 卖均 | 总卖 | | | 09:42 | 37.27 | 423 | B | 56 |
| | | 买均 ↑ | 35.78 | 总买 ↑ | 53372 | 09:42 | 37.24 | 1101 | S | 161 |
| 48770 | | 查看全速千档盘口 | | | | 09:42 | 37.27 | 496 | B | 102 |
| 32513 | | 卖一 | | | | 09:42 | 37.27 | 440 | B | 73 |
| 16257 | | | | | | 09:42 | 37.27 | 249 | S | 30 |
| | | | | | | 09:42 | 37.27 | 245 | S | 55 |
| | | | | | | 09:42 | 37.27 | 220 | S | 41 |
| | | | | | | 09:42 | 37.27 | 48 | S | 16 |
| 0.48 | | | | | | 09:43 | 37.27 | 311 | S | 42 |
| | | | | | | 09:43 | 37.27 | 1025 | S | 107 |
| 0.32 | | 买一 | 37.27 | 30.2笔 | 822笔 | 09:43 | 37.27 | 828 | S | 30 |
| | | 17 | 1 | 236 | 1 2 | 09:43 | 37.27 | 65 | S | 8 |
| 0.16 | | 1 | 70 | 15 | 1 4 | 09:43 | 37.27 | 53 | S | 2 |
| | | 50 | 88 | 10 | 11 13 | 09:43 | 37.27 | 12 | S | 4 |
| 0.00 | | 1 | 1 | 7 | 27 10 | 09:43 | 37.27 | 1 | S | 1 |
| | | 1 | 9 | 1 | 6 1 | | | | | |

图 3－55

2020 年 3 月 2 日星期一盘中在微信群交流，如图 3－56 所示：

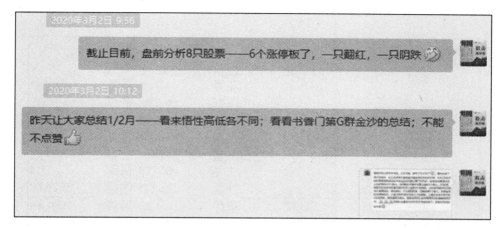

图 3－56

2020 年 3 月 2 日星期一盘中学员交流截图，如图 3－57 所示：

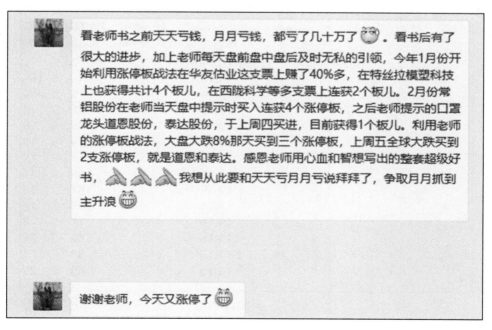

图 3－57

3月2日13:14盘中道恩股份有主力开始4位数的大单卖出，其后3位数卖单连续
出现，如图3—58所示：

| 选 | 返回 | 卖十 | | | | 002838 道恩股份 | | |
|---|---|---|---|---|---|---|---|---|
| | | 卖九 | | | | 现价 | 37.27 今开 | 36.66 |
| | 36.01 | 卖八 | | | | 涨跌 | 3.39 最高 | 37.27 |
| | 32.62 | 卖七 | | | | 涨幅 | 10.01% 最低 | 34.62 |
| | 30.92 | 卖六 | | | | 昨收 | 33.88 均价 | 36.79 |
| | 29.23 | 卖五 | | | | 振幅 | 7.82% 量比 | 2.46 |
| | 27.53 | 卖四 | | | | 总量 | 481957 总额 | 17.7亿 |
| | 25.84 | 卖三 | | | | 总笔 | 65221 每笔 | 7.4 |
| | 24.15 | 卖二 | | | | 外盘 | 229279 内盘 | 252678 |
| | 22.45 | 卖一 | | | | | | |
| | 20.76 | 买一 | 37.27 | 3332 | -21 | 涨停 | 37.27 跌停 | 30.49 |
| | 19.06 | 买二 | 37.26 | 22 | | 资产 | 19.0亿 市值 | 151.7亿 |
| | 17.37 | 买三 | 37.25 | 268 | | 净资 | 2.60 股本 | 4.07亿 |
| | 15.67 | 买四 | 37.23 | 5 | | 换手 | 14.34% 流通 | 3.36亿 |
| | 13.98 | 买五 | 37.22 | 51 | | 换手Z | 40.33% 流通Z | 1.20亿 |
| | 12.28 | 买六 | 37.21 | 66 | | 收益(三) | 0.310 PE(动) | 89.6 |
| | | 买七 | 37.20 | 63 | | | | |
| | | 买八 | 37.19 | 2 | | 净流入额 | ■ -1.78亿 | -10% |
| | 10.59 | 买九 | 37.18 | 33 | | 大宗流入 | ■ -1.83亿 | -10% |
| | | 买十 | 37.17 | 10 | | 5日净流入额 | ━ -10.04亿 | -14% |
| | | 卖均 | 总卖 | | | 5日大宗流入 | ━ -10.73亿 | -15% |
| | | 买均↑ | 35.11 总买↓ | 31989 | | 13:14 37.27 | 10 S | 1 |
| | 6.00 | | | | | 13:14 37.27 | 7005 S | 155 |
| | | 查看全速干档盘口 | | | | 13:15 37.27 | 16 S | 4 |
| | 4.00 | 卖一 | | | | 13:15 37.27 | 21 S | 2 |
| | 2.00 | | | | | 13:15 37.27 | 185 S | 15 |
| | | | | | | 13:15 37.27 | 174 S | 19 |
| | | | | | | 13:15 37.27 | 111 S | 15 |
| | | | | | | 13:15 37.27 | 109 S | 14 |
| | 30000 | | | | | 13:15 37.27 | 167 S | 10 |
| | 20000 | 买一 37.27 | 14.7笔 | 226笔 | | 13:15 37.27 | 105 S | 12 |
| | | 5 4 1 | 3 | 3 | | 13:15 37.27 | 11 S | 2 |
| | 10000 | 1 4 2 | 4 | 5 | | 13:15 37.27 | 146 S | 26 |
| | | 2 1 3 | 1 | 1 | | 13:15 37.27 | 90 S | 24 |
| X10万 | | 1 1 7 | 20 | 2 | | 13:15 37.27 | 43 S | 21 |
| 日线 | | 1 1 1 | 5 | 16 | | | | |
| + - | | | | | | | | |

图 3-58

盘中，持有道恩股份的朋友高兴地截图报告自己的交易记录，如图 3－59、3－60 所示：

图 3－59

图 3－60

3月2日10:30后，道恩股份开板，然后不断封板、开板，但都不是主力出逃形态，而是对倒形态，看K线形态是十字线（如图3－61所示），有人就恐惧地卖出了。实际上只要主力没有出逃，散户就不到恐惧的时候。

2020年3月2日道恩股份盘中13:50截图，如图3－61所示：

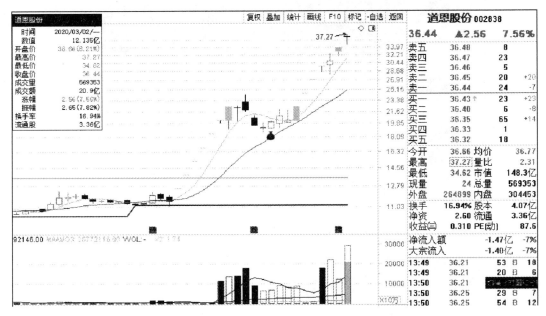

图 3－61

热点龙头总会表现出绝佳的耐力和韧性，市场的资金会不断地进进出出，3 月 2 日 14:02，5 位数的大单买进并封板，如图 3-62 所示：

| | | | | 002838 道恩股份 | | |
|---|---|---|---|---|---|---|
| 示记 -自选 返回 | 卖十 | | | 现价 | 37.27 今开 | 36.66 |
| | 卖九 | | | 涨跌 | 3.39 最高 | 37.27 |
| 三 | 卖八 10.01% | | | 涨幅 | 10.01% 最低 | 34.62 |
| | 卖七 8.58% | | | 昨收 | 33.88 均价 | 36.77 |
| | 卖六 7.15% | | | 振幅 | 7.82% 量比 | 2.23 |
| | 卖五 | | | 总量 | 590533 总额 | 21.7亿 |
| | 卖四 5.72% | | | 总笔 | 83653 每笔 | 7.1 |
| | 卖三 4.29% | | | 外盘 | 278722 内盘 | 311811 |
| | 卖二 2.86% | | | 涨停 | 37.27 跌停 | 30.49 |
| | 卖一 | | | 资产 | 19.0亿 市值 | 151.7亿 |
| | 买一 1.43% | 37.27 | 9453 +824 | 净资 | 2.60 股本 | 4.07亿 |
| | 买二 | 36.91 | 6 | 换手 | 17.57% 流通 | 3.36亿 |
| | 买三 0.00% | 36.90 | 1 | 换手Z | 49.41% 流通Z | 1.20亿 |
| | 买四 1.43% | 36.80 | 345 +4 | 收益(三) | 0.310 PE(动) | 89.6 |
| | 买五 | 36.79 | 93 | 净流入额 | ■ -2.89亿 | -13% |
| | 买六 2.86% | 36.78 | 5 | 大宗流入 | ■ -2.99亿 | -14% |
| | 买七 4.29% | 36.75 | 35 | 5日净流入额 | ▬▬ -11.15亿 | -15% |
| | 买八 | 36.72 | 1 | 5日大宗流入 | ▬▬ -11.89亿 | -16% |
| | 买九 5.72% | 36.71 | 280 | 14:02 | 36.70 13 B | 4 |
| | 买十 | 36.70 | 213 | 14:02 | 36.70 6 S | 3 |
| | 卖均 7.15% | 总卖 | | 14:02 | 36.72 41 B | 6 |
| | 买均 8.58% | 35.02 总买 | 36835 | 14:02 | 36.75 58 B | 6 |
| | | 查看全速千档盘口 | | 14:02 | 36.79 1 B | 1 |
| 113797 | 卖一 | | | 14:02 | 36.79 6 B | 2 |
| 97540 | | | | 14:02 | 36.79 15 B | 6 |
| 81284 | | | | 14:02 | 36.80 19 B | 8 |
| 65027 | | | | 14:02 | 37.27 7484 B | 657 |
| 48770 | 买一 | 37.27 89.2/笔 106笔 | | 14:02 | 37.27 12 S | 1 |
| 32513 | | 2344 5002 15 5 33 | | 14:02 | 37.27 1 S | 1 |
| 16257 | | 6 5 59 2 1 | | 14:03 | 37.27 115 S | 8 |
| | | 143 5 10 2 78 | | 14:03 | 37.27 35 S | 4 |
| 15.00 布局 | | 2 1 34 3 1 | | 14:03 | 37.27 11 S | 2 |
| + - | | 3 3 57 2 1 | | | | |

图 3-62

2020 年 3 月 2 日星期一道恩股份收盘截图，如图 3－63 所示：

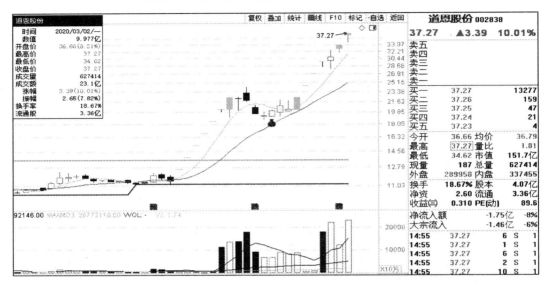

图 3－63

2020 年 3 月 2 日星期一，另一只口罩概念股泰达股份也在尾盘封板了。总体来看，跟风的就没有龙头走得强烈，从图 3－64 就可以看出，盘中打开的幅度比较大，不像道恩股份那么强势。

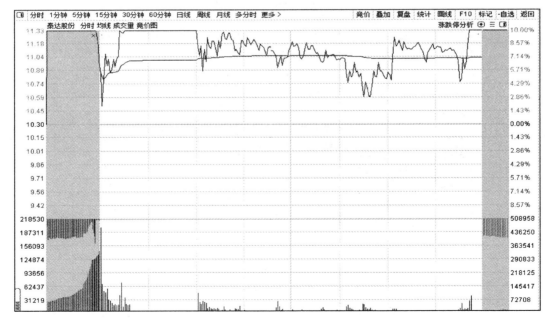

图 3－64

# 第八天 2020.3.3封板后尾盘板打开

2020年3月3日星期二盘前分析如下：

昨天早上开盘前9:10在学员群点评了9只股票，盘中也截图展示过，到收盘全部红盘，其中7只涨停；002062宏润建设已经成为PPP模式的龙头；昨天的这9只股值得继续关注；

另外、华为概念、5G概念的龙头已经出现……

口罩防护概念的龙头（002838）道恩股份已经临近这一波段的顶部，昨天部分主力在涨停板上出货；谨防顶部K线形态出现……如果出现顶部K线形态，千万不要恋战，在里面的能活着出来就是万幸。

以上分析如图3-65所示：

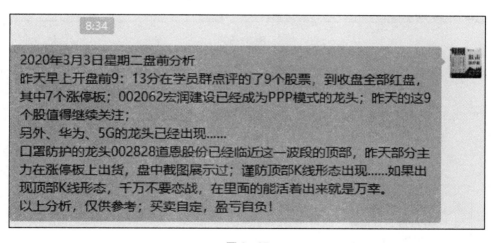

图 3-65

2020 年 3 月 3 日星期二道恩股份开盘数据，如图 3－66 所示：

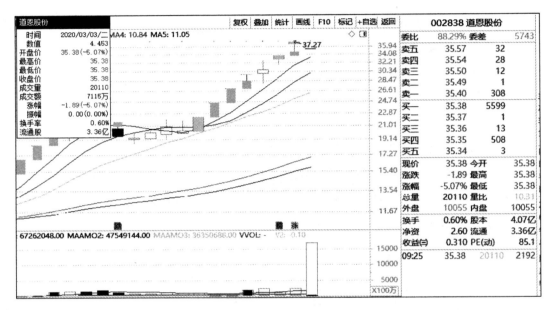

图 3－66

2020 年 3 月 3 日星期二，四大指数和道恩股份开盘数据，如图 3－67 所示：

| | 代码 | 名称 | 涨幅% | 现价 | 涨跌 | 买价 | 卖价 | 总量 |
|---|---|---|---|---|---|---|---|---|
| 1 | 999999 | 上证指数 | 1.21 | 3006.89 | 35.96 | -- | -- | 601.7万 |
| 2 | 399001 | 深证成指 | 1.90 | 11597.66 | 215.90 | -- | -- | 812.1万 |
| 3 | 399006 | 创业板指 | 2.58 | 2190.50 | 55.08 | -- | -- | 231.0万 |
| 4 | 399005 | 中小板指 | 2.02 | 7661.90 | 151.43 | -- | -- | 364.8万 |
| 5 | 002838 | 道恩股份 | -5.07 | 35.38 | -1.89 | 35.38 | 35.40 | 20110 |

行情报价　资金驱动力　资金博弈　DDE排名　多空阵线
同步

图 3－67

2020 年 3 月 3 日星期二 13:53，道恩股份封板，如图 3－68 所示：

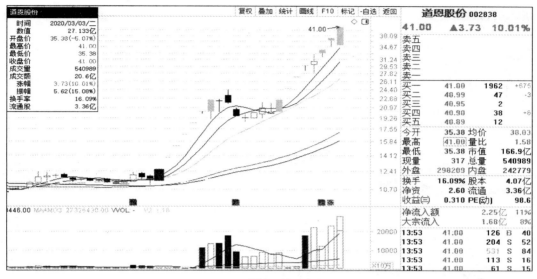

图 3－68

2020 年 3 月 3 日星期二，尾盘最后 2 分钟道恩股份封板打开，卖单涌出，如图 3－69所示：

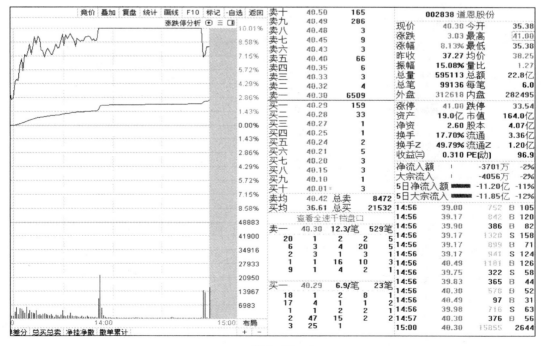

图 3－69

2020 年 3 月 3 日星期二道恩股份收盘 K 线截图，如图 3－70 所示：

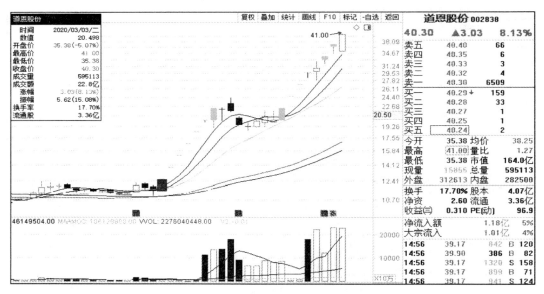

图 3－70

2020 年 3 月 30 日道恩股份买入卖出金额，如表 3－4 所示：

表 3－4

【交易日期】2020-03-03 日振幅达15%
振幅:15.88% 成交量:5951.00万股 成交金额:227604.00万元

| 买入金额排名前5名营业部 | | |
|---|---|---|
| 营业部名称 | 买入金额(万元) | 卖出金额(万元) |
| 华泰证券股份有限公司上海徐汇区天钥桥路证券营业部 | 3154.46 | 73.24 |
| 西藏东方财富证券股份有限公司拉萨东环路第二证券营业 | 2559.07 | 2441.28 |
| 中国银河证券股份有限公司北京中关村大街证券营业部 | 2548.34 | 26.10 |
| 中信证券股份有限公司浙江分公司 | 2468.77 | 1165.99 |
| 西藏东方财富证券股份有限公司拉萨团结路第二证券营业 | 2243.60 | 2693.49 |
| 卖出金额排名前5名营业部 | | |
| 营业部名称 | 买入金额(万元) | 卖出金额(万元) |
| 招商证券股份有限公司深圳深南大道车公庙证券营业部 | 60.76 | 4104.17 |
| 西藏东方财富证券股份有限公司拉萨团结路第二证券营业 | 2243.60 | 2693.49 |
| 安信证券股份有限公司广州开创大道证券营业部 | 5.67 | 2541.95 |
| 西藏东方财富证券股份有限公司拉萨东环路第二证券营业 | 2559.07 | 2441.28 |
| 中泰证券股份有限公司深圳分公司 | 7.42 | 2083.15 |

2020 年 3 月 3 日星期二泰达股份盘中 K 线截图，如图 3－71 所示：

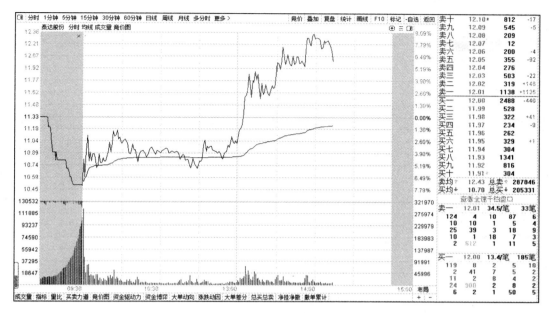

图 3-71

2020 年 3 月 3 日星期二泰达股份收盘分时截图，如图 3－72 所示：

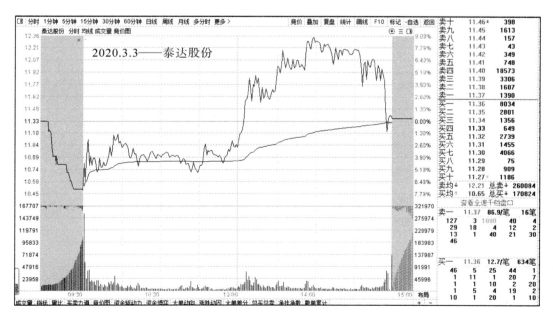

图 3-72

2020 年 3 月 3 日星期二泰达股份收盘 K 线截图，如图 3－73 所示：

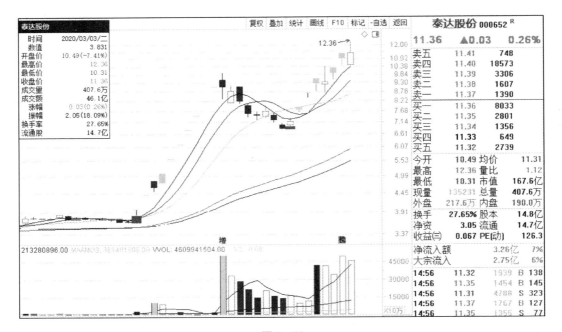

图 3－73

# 第七板　2020.3.4 继续封板

2020 年 3 月 4 日星期三盘前给学员分析如下：

昨天，道恩股份封板后尾盘打开，还好收出大阳线；只要今天不跳空低开，不下跌出货，就可以继续持有待涨！

以上分析如图 3－74 所示：

图 3－74

开盘时，道恩股份没有跳空低开，反而跳空高开一路上行直至封板，不过封板的力度欠缺，如图 3－75 所示：

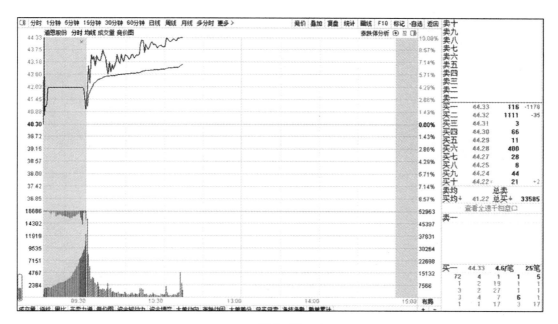

图 3－75

2020 年 3 月 4 日星期三盘中，道恩股份封板后截图，如图 3－76 所示：

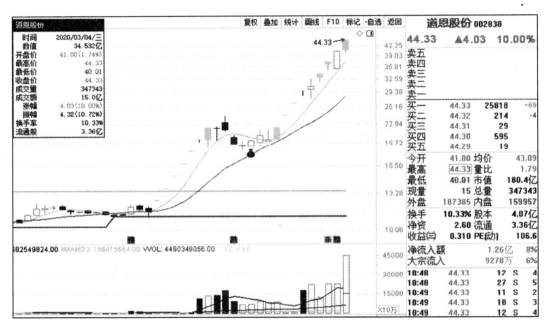

图 3－76

上午封板后，13:24 开板，5 位数的大单抛出，看看图 3－77 所示的盘中截图：

| 卖十 | 43.79 ↑ | 52 | +19 | **002838 道恩股份** | | |
|---|---|---|---|---|---|---|
| 卖九 | 43.78 | 22 | | | | |
| 卖八 | 43.72 | 5 | +5 | 现价 | 43.57 今开 | 41.00 |
| 卖七 | 43.65 | 100 | +58 | 涨跌 | 3.27 最高 | 44.33 |
| 卖六 | 43.64 | 4 | | 涨幅 | 8.11% 最低 | 40.01 |
| 卖五 | 43.63 | 37 | | 昨收 | 40.30 均价 | 43.21 |
| 卖四 | 43.61 | 1 | +1 | 振幅 | 10.72% 量比 | 1.09 |
| 卖三 | 43.60 | 184 | +180 | 总量 | 384466 总额 | 16.6亿 |
| 卖二 | 43.58 | 97 | +97 | 总笔 | 65732 每笔 | 5.8 |
| 卖一 | 43.57 ↓ | 46 | +46 | 外盘 | 187980 内盘 | 196486 |
| 买一 | 43.53 ↓ | 15 | -27 | 涨停 | 44.33 跌停 | 36.27 |
| 买二 | 43.52 | 32 | +3 | 资产 | 19.0亿 市值 | 177.3亿 |
| 买三 | 43.51 | 51 | +20 | 净资 | 2.60 股本 | 4.07亿 |
| 买四 | 43.50 | 248 | | 换手 | 11.44% 流通 | 3.36亿 |
| 买五 | 43.49 | 11 | | 换手Z | 32.17% 流通Z | 1.20亿 |
| 买六 | 43.48 | 4 | +4 | 收益(三) | 0.310 PE(动) | 104.8 |
| 买七 | 43.45 | 22 | +22 | 净流入额 ￨ | 2626万 | 2% |
| 买八 | 43.43 | 37 | +37 | 大宗流入 ￨ | 1397万 | 1% |
| 买九 | 43.42 | 3 | +3 | 5日净流入额 ▬ | -2.64亿 | -3% |
| 买十 | 43.41 ↓ | 99 | +99 | 5日大宗流入 ▬ | -3.76亿 | -4% |
| 卖均 ↓ | 44.00 总卖 ↑ | 2198 | | 13:24 | 44.33 | 47 S 5 |
| 买均 ↓ | 40.93 总买 ↓ | 28264 | | 13:24 | 44.33 | 94 S 13 |
| 查看全速千档盘口 | | | | 13:24 | 44.32 | 26544 S1728 |
| 卖一 | 43.57 | 46.0/笔 | 1笔 | 13:24 | 43.90 | 1323 S 256 |
| 46 | | | | 13:24 | 43.92 | 122 B 20 |
| | | | | 13:24 | 43.88 | 97 B 18 |
| | | | | 13:25 | 43.90 | 255 B 51 |
| | | | | 13:25 | 43.80 | 218 S 52 |
| 买一 | 43.53 | 15.0/笔 | 1笔 | 13:25 | 43.87 | 215 B 45 |
| 15 | | | | 13:25 | 43.80 | 367 S 42 |
| | | | | 13:25 | 43.68 | 700 S 112 |
| | | | | 13:25 | 43.60 | 178 S 50 |
| | | | | 13:25 | 43.58 | 253 S 37 |
| | | | | 13:25 | 43.57 | 128 S 32 |

图 3－77

上午封板后，13:24 开板，5 位数的大单抛出，盘中截的分时图数据如图 3－78
所示：

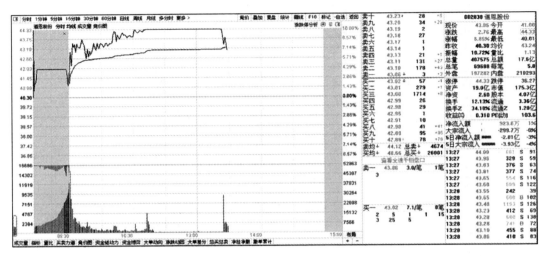

图 3－78

还好，尽管开板，还没有到主力出局抛盘的时候，也没有下跌到我们的止损价位，
最终还是封板，如图 3－79 所示：

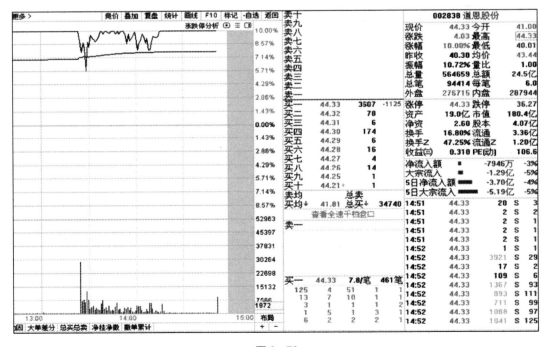

图 3－79

从表3－5可以看出，3月4日宁波桑田路的游资在出货，西藏的游资在对倒出货。

表3－5

【交易日期】2020-03-04 日涨幅偏离值达7%
偏离值:9.87%　成交量:5725.00万股　成交金额:248743.00万元

| 买入金额排名前5名营业部 | | |
|---|---|---|
| 营业部名称 | 买入金额(万元) | 卖出金额(万元) |
| 西藏东方财富证券股份有限公司拉萨团结路第二证券营业 | 3816.53 | 3236.90 |
| 西藏东方财富证券股份有限公司拉萨东环路第二证券营业 | 2599.86 | 2685.79 |
| 第一创业证券股份有限公司北京新街口北大街证券营业部 | 2122.35 | 65.53 |
| 西藏东方财富证券股份有限公司拉萨团结路第一证券营业部 | 2054.43 | 911.49 |
| 国泰君安证券股份有限公司广州人民中路证券营业部 | 2006.72 | 169.13 |
| 卖出金额排名前5名营业部 | | |
| 营业部名称 | 买入金额(万元) | 卖出金额(万元) |
| 国盛证券有限责任公司宁波桑田路证券营业部 | 207.82 | 32595.76 |
| 华泰证券股份有限公司上海徐汇区天钥桥路证券营业部 | 107.50 | 3314.53 |
| 西藏东方财富证券股份有限公司拉萨团结路第二证券营业 | 3816.53 | 3236.90 |
| 中国银河证券股份有限公司北京中关村大街证券营业部 | 243.15 | 2962.93 |
| 中信证券股份有限公司浙江分公司 | 1071.98 | 2694.74 |

相反，看看泰达股份一副力不从心的走势，说明了跟风的股票永远成不了大气候，如图3－80所示：

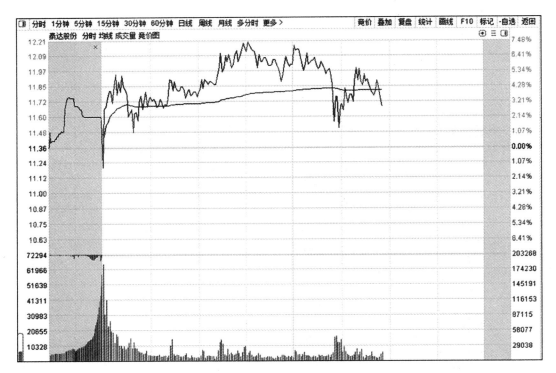

图 3-80

据凤凰卫视报道，2020 年 3 月 4 日这一天，美国纽约州州长科莫抱怨，美国其他州抢购口罩，你出 3 美元、他出 4 美元，抬高了口罩的价格，如图 3-81 所示：

图 3-81

# 第八板　2020.3.5跳空高开收光脚光头板

2020年3月5日星期四盘前分析如下：

指数昨天止跌，后期在震荡中向上的概率大；

口罩防护后势强劲，600579克劳斯6B，002768国恩股份4B，300606金太阳3B，002087新野纺织2B——它们一起助推了总龙头002838道恩股份——看来疫情不灭，涨停不止；但股价越高风险越大！还是要在顶部K线出现后再说行情告一段落吧。

网红经济龙头是002503搜于特，带起了603721中广天择，300063天龙集团；

PPP模式龙头002062宏润建设带起了600853龙建股份；

雄安新区的龙头600550保变电气带起了002158汉钟精机、002305南国置业、002398垒知集团；

以上就是近期的牛股、妖股、龙头股；喜欢龙头的做龙头，喜欢牛股的做牛股，喜欢妖股的做妖股；都不敢做的就看着牛气冲天吧。

002771国防军工真视通的大面宣告了该板块进入调整，暂观；华为、5G同样暂观……

以上分析见图3－82：

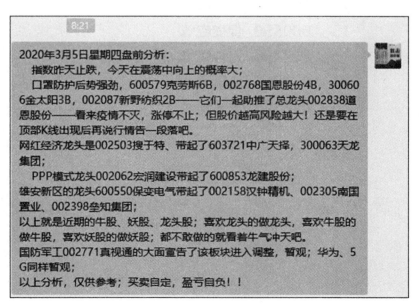

图3－82

2020 年 3 月 5 日星期四分析的股票集合竞价数据，如图 3－83 所示：

| 1 | 999999 | 上证指数 | | 0.81 |
|---|--------|---------|---|------|
| 2 | 399001 | 深证成指 | | 1.32 |
| 3 | 399006 | 创业板指 | | 1.69 |
| 4 | 399005 | 中小板指 | | 1.39 |
| 5 | 600579 | 克劳斯 | | 6.80 |
| 6 | 002768 | 国恩股份 | | 10.00 |
| 7 | 300606 | 金太阳 | | 3.20 |
| 8 | 002087 | 新野纺织 | | 10.02 |
| 9 | 002838 | 道恩股份 | | 1.56 |
| 10 | 002503 | 搜于特 | R | 10.09 |
| 11 | 603721 | 中广天择 | | 2.45 |
| 12 | 300063 | 天龙集团 | | 5.02 |
| 13 | 002062 | 宏润建设 | | 9.93 |
| 14 | 600853 | 龙建股份 | | 0.00 |
| 15 | 600550 | 保变电气 | | 5.37 |
| 16 | 002158 | 汉钟精机 | R | 0.06 |
| 17 | 002305 | 南国置业 | | 0.79 |
| 18 | 002398 | 垒知集团 | | 3.69 |

图 3-83

2020 年 3 月 5 日星期四分析的股票盘中数据，如图 3－84 所示：

| 1 | 999999 | 上证指数 | | 1.98 |
|---|--------|---------|---|------|
| 2 | 399001 | 深证成指 | | 1.89 |
| 3 | 399006 | 创业板指 | | 1.86 |
| 4 | 399005 | 中小板指 | | 1.33 |
| 5 | 600579 | 克劳斯 | | 10.00 |
| 6 | 002768 | 国恩股份 | | 10.00 |
| 7 | 300606 | 金太阳 | | 5.97 |
| 8 | 002087 | 新野纺织 | 盘前点评14只股票10个涨停板 | 10.02 |
| 9 | 002838 | 道恩股份 | | 9.99 |
| 10 | 002503 | 搜于特 | R | 10.09 |
| 11 | 603721 | 中广天择 | | -2.25 |
| 12 | 300063 | 天龙集团 | | 10.04 |
| 13 | 002062 | 宏润建设 | | 9.93 |
| 14 | 600853 | 龙建股份 | | 10.00 |
| 15 | 600550 | 保变电气 | | 9.94 |
| 16 | 002158 | 汉钟精机 | R | -6.53 |
| 17 | 002305 | 南国置业 | | 9.92 |
| 18 | 002398 | 垒知集团 | | 2.68 |

图 3－84

2020 年 3 月 5 日星期四分析的股票收盘数据，如图 3－85 所示：

| 1 | 999999 | 上证指数 | 1.99 |
|---|--------|---------|------|
| 2 | 399001 | 深证成指 | 1.90 |
| 3 | 399006 | 创业板指 | 1.85 |
| 4 | 399005 | 中小板指 | 1.34 |
| 5 | 600579 | 克劳斯 | 10.00 |
| 6 | 002768 | 国恩股份 | 10.00 |
| 7 | 002087 | 新野纺织 | 10.02 |
| 8 | 002838 | 道恩股份 | 9.99 |
| 9 | 002503 | 搜于特 R | 10.09 |
| 10 | 300063 | 天龙集团 | 10.04 |
| 11 | 002062 | 宏润建设 | 9.93 |
| 12 | 600853 | 龙建股份 | 10.00 |
| 13 | 600550 | 保变电气 | 9.94 |
| 14 | 002305 | 南国置业 | 9.92 |

图 3－85

2020 年 3 月 5 日星期四道恩股份收盘 K 线截图，如图 3－86 所示：

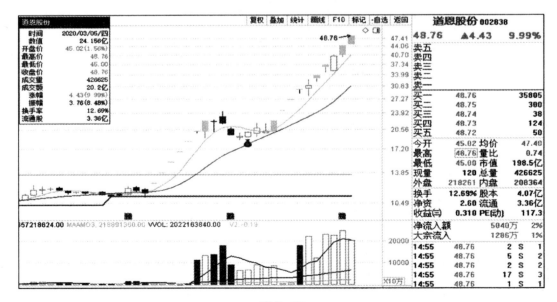

图 3－86

2020年3月5日星期四道恩股份收盘分时截图，如图3-87所示：

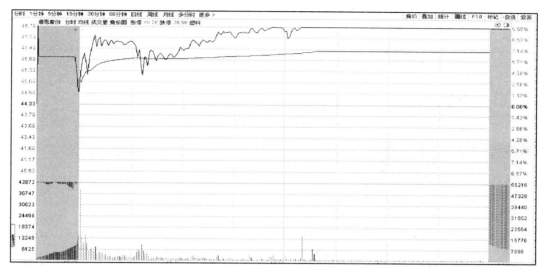

图3-87

从表3-6可以看出2020年3月5日西藏游资在对倒交易。

表3-6

【交易日期】2020-03-05 日涨幅偏离值达7%
偏离值:8.36% 成交量:4266.00万股 成交金额:202216.00万元

| 买入金额排名前5名营业部 | | |
|---|---|---|
| 营业部名称 | 买入金额(万元) | 卖出金额(万元) |
| 长江证券股份有限公司黄冈赤壁大道证券营业部 | 2124.10 | 1047.65 |
| 西藏东方财富证券股份有限公司拉萨团结路第二证券营业 | 1956.31 | 2797.58 |
| 中国银河证券股份有限公司浙江分公司 | 1949.60 | - |
| 西藏东方财富证券股份有限公司拉萨东环路第二证券营业 | 1910.45 | 2004.42 |
| 国盛证券有限责任公司宁波桑田路证券营业部 | 1748.13 | 399.53 |
| 卖出金额排名前5名营业部 | | |
| 营业部名称 | 买入金额(万元) | 卖出金额(万元) |
| 华泰证券股份有限公司广州珠江西路证券营业部 | 4.24 | 4366.86 |
| 西藏东方财富证券股份有限公司拉萨团结路第二证券营业 | 1956.31 | 2797.58 |
| 西藏东方财富证券股份有限公司拉萨东环路第二证券营业 | 1910.45 | 2004.42 |
| 中泰证券股份有限公司深圳后海大道证券营业部 | 10.45 | 1620.44 |
| 平安证券股份有限公司郑州金水东路证券营业部 | 1087.87 | 1513.16 |

2020 年 3 月 5 日星期四美国航空走势图，如图 3－88 所示：

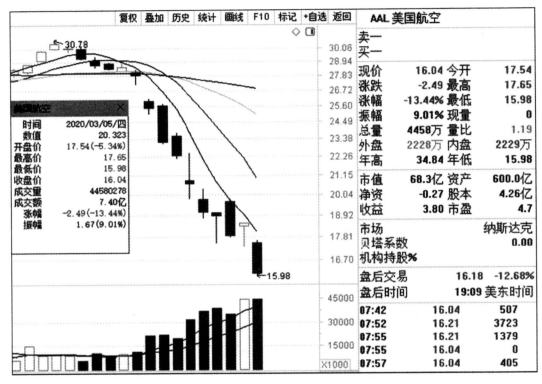

图 3－88

138

## 第九板　2020.3.6向上大跳空T字板

2020 年 3 月 6 日星期五盘前分析如下：

隔夜、美股在前一个交易日反弹后又遭重创，从形态分析呈继续下跌态势……已经成为惊弓之鸟。

反观大 A 止跌反转，继续向好!! 今天继续关注昨天点评牛气冲天的 10 个涨停板，且看它们如何再创新高，如何继续涨停板，如何在分化；一旦个股出现顶部 K 线形态第一时间回避接下来的调整；

建议关注经济发达地区江苏、浙江、广东、山东相关机械、电器、地产、纺织个股；关注光伏、特高压、华为、5G 概念中的牛股、妖股、龙头股……

以上分析截图如图 3—89 所示：

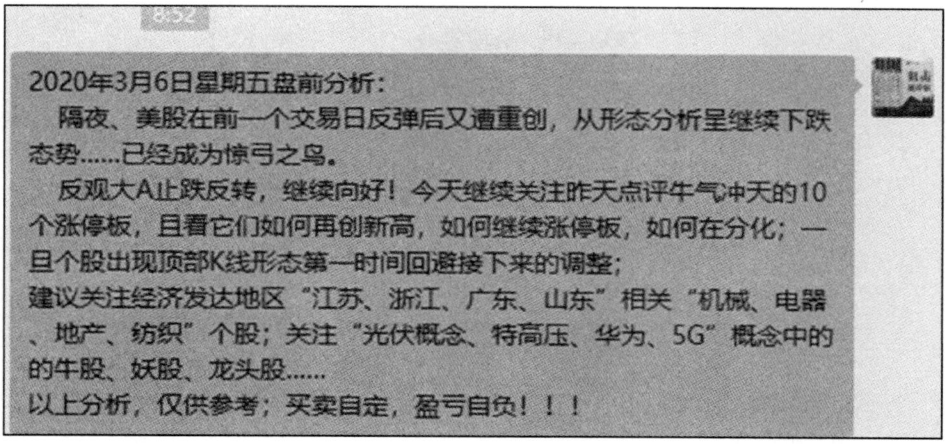

8:52

2020年3月6日星期五盘前分析：

隔夜、美股在前一个交易日反弹后又遭重创，从形态分析呈继续下跌态势......已经成为惊弓之鸟。

反观大A止跌反转，继续向好！今天继续关注昨天点评牛气冲天的10个涨停板，且看它们如何再创新高，如何继续涨停板，如何在分化；一旦个股出现顶部K线形态第一时间回避接下来的调整；

建议关注经济发达地区“江苏、浙江、广东、山东”相关“机械、电器、地产、纺织”个股；关注“光伏概念、特高压、华为、5G”概念中的的牛股、妖股、龙头股......

以上分析，仅供参考；买卖自定，盈亏自负！！！

图 3－89

2020 年 3 月 6 日开盘数据，如图 3-90 所示：

| 同步 | 代码 | 名称 | 涨幅% |
|---|---|---|---|
| 1 | 999999 | 上证指数 | -1.03 |
| 2 | 399001 | 深证成指 | -1.33 |
| 3 | 399006 | 创业板指 | -1.41 |
| 4 | 399005 | 中小板指 | -1.35 |
| 5 | 600579 | 克劳斯 | 0.00 |
| 6 | 002768 | 国恩股份 | 10.01 |
| 7 | 002087 | 新野纺织 | 10.02 |
| 8 | 002838 | 道恩股份 | 9.70 |
| 9 | 002503 | 搜于特 R | 10.02 |
| 10 | 300063 | 天龙集团 | -7.82 |
| 11 | 002062 | 宏润建设 | 6.17 |
| 12 | 600853 | 龙建股份 | -3.25 |
| 13 | 600550 | 保变电气 | 9.95 |
| 14 | 002305 | 南国置业 | -0.36 |

图 3-90

2020 年 3 月 6 日上午 10:55 盘中数据，如图 3-91 所示：

| 同步 | 代码 | 名称 | 涨幅% | 现价 |
|---|---|---|---|---|
| 1 | 999999 | 上证指数 | -1.06 | 3039.08 |
| 2 | 399001 | 深证成指 | -0.84 | 11612.53 |
| 3 | 399006 | 创业板指 | -0.66 | 2195.10 |
| 4 | 399005 | 中小板指 | -0.41 | 7602.33 |
| 5 | 600579 | 克劳斯 | 9.97 | 12.46 |
| 6 | 002768 | 国恩股份 | 10.01 | 42.00 |
| 7 | 002087 | 新野纺织 | 10.02 | 6.04 |
| 8 | 002838 | 道恩股份 | 10.01 | 53.64 |
| 9 | 002503 | 搜于特 | 10.02 | 5.16 |
| 10 | 300063 | 天龙集团 | 7.17 | 6.58 |
| 11 | 002062 | 宏润建设 | 9.94 | 7.30 |
| 12 | 600853 | 龙建股份 | -4.11 | 4.43 |
| 13 | 600550 | 保变电气 | 9.95 | 6.08 |
| 14 | 002305 | 南国置业 | 3.61 | 2.87 |

此时此刻有 7 个涨停板

图 3-91

140

2020 年 3 月 6 日星期五道恩股份收盘 K 线截图，如图 3－92 所示：

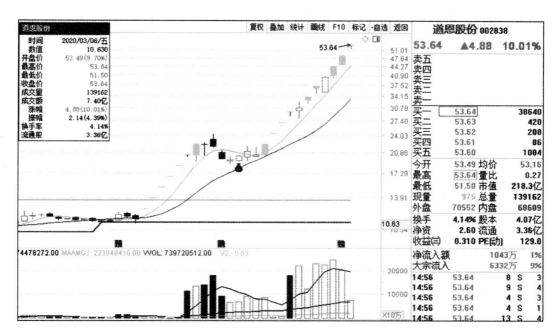

图 3－92

2020 年 3 月 6 日星期五道恩股份收盘分时截图，如图 3－93 所示：

图 3－93

从表3-7可以看出，道恩股份当天的卖出金额远远大于买进的金额，预示着最后的疯狂即将到来。

表3-7

| 【交易日期】2020-03-06 日涨幅偏离值达7%<br>偏离值:10.55% 成交量:28753.00万股 成交金额:208697.00万元 | | |
|---|---|---|
| 买入金额排名前5名营业部 | | |
| 营业部名称 | 买入金额(万元) | 卖出金额(万元) |
| 国联证券股份有限公司无锡金太湖证券营业部 | 2925.32 | 21.73 |
| 中信证券股份有限公司杭州延安路证券营业部 | 2530.41 | 1117.30 |
| 申港证券股份有限公司北京分公司 | 2278.48 | - |
| 中信证券股份有限公司上海溧阳路证券营业部 | 2038.40 | 88.40 |
| 兴业证券股份有限公司泉州分公司 | 1708.27 | - |
| 卖出金额排名前5名营业部 | | |
| 营业部名称 | 买入金额(万元) | 卖出金额(万元) |
| 大通证券股份有限公司上海民生路证券营业部 | 1.46 | 10939.15 |
| 浙商证券股份有限公司象山靖南大街证券营业部 | 173.85 | 9165.51 |
| 东方证券股份有限公司上海徐汇区肇嘉浜路证券营业部 | 10.13 | 6603.14 |
| 中泰证券股份有限公司南京中山南路证券营业部 | 111.65 | 4434.48 |
| 光大证券股份有限公司象山县象山港路证券营业部 | 330.62 | 3631.35 |

2020年3月6日星期五在道恩股份面临顶部的时候，002062宏润建设也走出放量八连板，并出现了主力出货的形态，如图3－94所示：

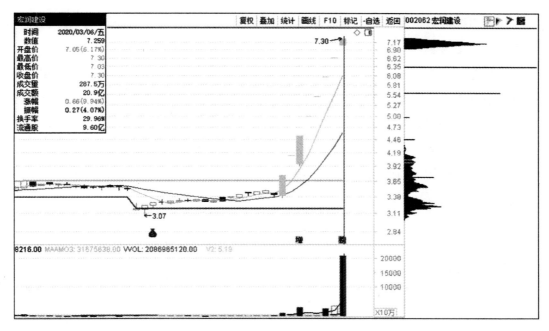

图 3－94

## 第十板　2020.3.9 逆势跳空高开秒板

2020 年 3 月 9 日星期一盘前分析如下：

指数周线形态正常，日线形态目前在震荡，之后是上、是下，还待确认，未确认之前还是观望为主。

上周五 002291 星期六的天地板拉响了高价股兑现的警报……山雨欲来风满楼，本周高价股将进入兑现期；我在上周点评的部分个股如 600579 克劳斯、002838 道恩股份、002062 宏润建设也面临兑现，如果放量滞涨则建议获利了结，如果是阴线则下跌将是定局，建议清仓，不要受首阴反包的蛊惑，在这里的阴线就是绝杀！

口罩概念可关注刚启动的，如 002172 澳洋健康、300410 正业科技；道恩、国恩也只能当成风向标了。

电器设备：龙头 600550 保变电气领涨，300820 英杰电气、002334 英威腾两只助攻；600312 平高电气、601179 中国西电、600869 智慧能源、002606 大连电瓷、600416 湘电股份摇旗呐喊，似乎将取而代之成为新的领涨板块，可以关注。

以上分析如图 3－95 所示：

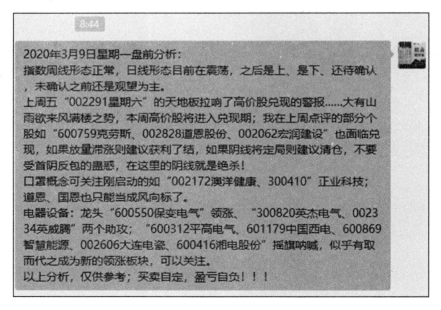

图 3－95

2020 年 3 月 9 日星期一,道恩股份开盘秒板 12 分钟后,大单开始卖出,如图 3－96 所示:

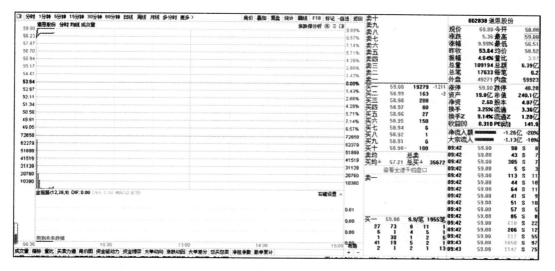

图 3－96

2020 年 3 月 9 日星期一 9:13,大卖单打开了道恩股份的涨停板,如图 3－97 所示:

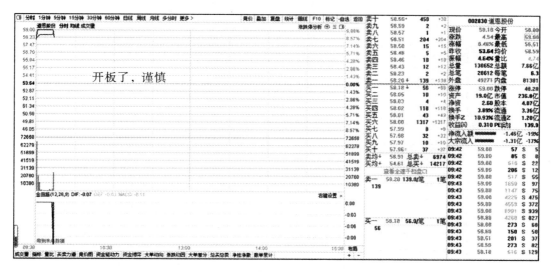

图 3－97

2020 年 3 月 9 日星期一道恩股份收盘截图，如图 3－98 所示：

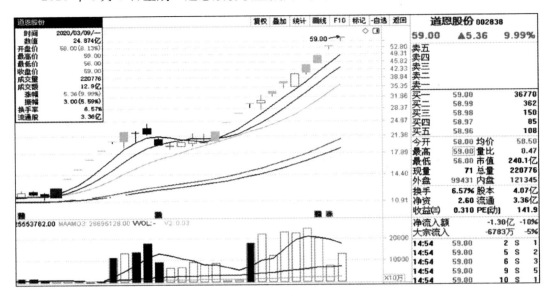

图 3－98

2020 年 3 月 9 日道恩股份买入卖出金额，如表 3－8 所示：

表 3－8

【交易日期】2020-03-09 三日涨幅偏离值累计达20%
偏离值:24.42% 成交量:3599.00万股 成交金额:203127.00万元

| 买入金额排名前5名营业部 | | |
|---|---|---|
| 营业部名称 | 买入金额(万元) | 卖出金额(万元) |
| 中邮证券有限责任公司浙江分公司 | 4276.20 | 20.63 |
| 国元证券股份有限公司上海虹桥路证券营业部 | 3863.61 | 28.85 |
| 平安证券股份有限公司江苏分公司 | 3161.20 | 3419.61 |
| 兴业证券股份有限公司福州湖东路证券营业部 | 2306.72 | 207.82 |
| 西藏东方财富证券股份有限公司拉萨东环路第二证券营业 | 2132.98 | 1990.67 |
| 卖出金额排名前5名营业部 | | |
| 营业部名称 | 买入金额(万元) | 卖出金额(万元) |
| 平安证券股份有限公司江苏分公司 | 3161.20 | 3419.61 |
| 中国银河证券股份有限公司浙江分公司 | - | 2128.07 |
| 西藏东方财富证券股份有限公司拉萨东环路第二证券营业 | 2132.98 | 1990.67 |
| 兴业证券股份有限公司陕西分公司 | 77.36 | 1898.74 |
| 天风证券股份有限公司上海浦明路证券营业部 | - | 1813.72 |

2020 年 3 月 9 日星期一，002062 宏润建设跌停板，如图 3－99 所示：

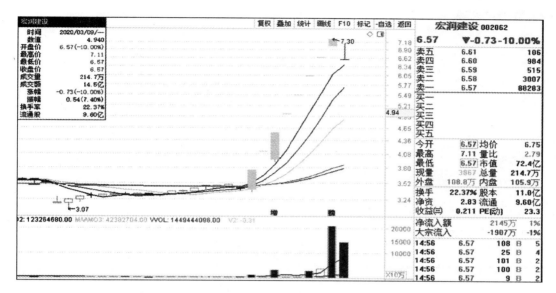

图 3－99

2020 年 4 月 8 日星期三收盘截图，回顾宏润建设 3 月 9 日跌停板后的走势图，下跌了 20 个交易日，跌幅 37.12％，如图 3－100 所示：

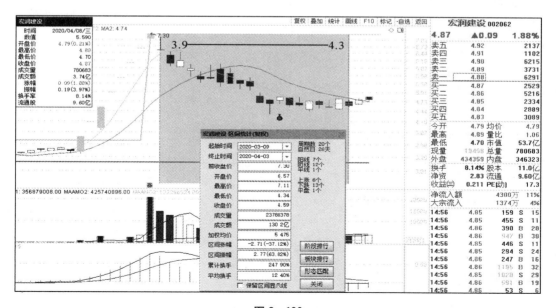

图 3－100

2020 年 3 月 9 日星期一，克劳斯大幅震荡，跌幅 8.40％，如图 3－101 所示：

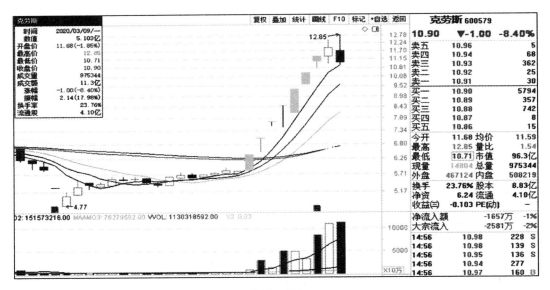

图 3－101

2020 年 4 月 8 日星期三收盘截图，回顾克劳斯 3 月 9 日下跌后的走势图，下跌了 22 个交易日，跌幅 42.52％，如图 3－102 所示：

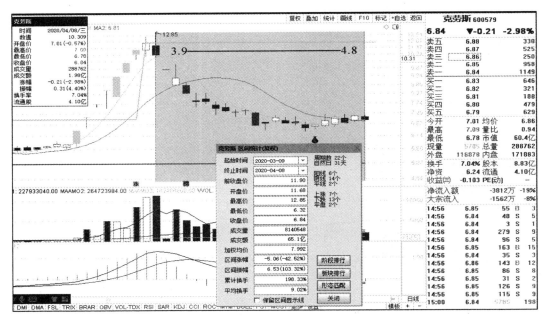

图 3－102

## 第十三天 2020.3.10 不吉利的日子收十字星

2020 年 3 月 10 日星期二盘前分析如下：

1. 美股惊天崩盘，经济危机来临；正是机关算尽太聪明，反误了卿卿性命！

2. 谨慎、谨慎、再谨慎！昨天说的三只龙头股已经倒下两只；还有一只 002838 道恩股份面临佼佼者已折之境……

3. "大 A"风景独好。

以上分析如图 3－103 所示：

2020年3月10日 7:44

2020年3月10日星期二：
1、隔夜，美股惊天崩盘，经济危机来临；正是机关算尽太聪明，反误了卿卿性命！
2、谨慎、谨慎、再谨慎！昨天说的三个龙头已经倒下2个；还有一个"002838道恩股份"已经面临佼佼者已折之境……
3、风景这边独好。

3－103

2020年3月10日星期二道恩股份分时走势图，如图3-104所示：

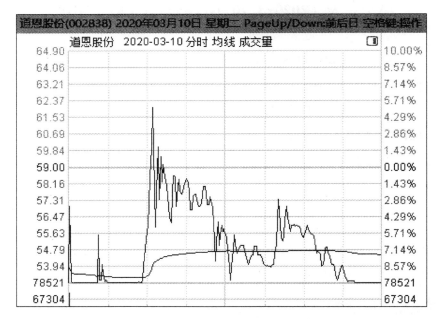

图 3-104

表 3-9

【交易日期】2020-03-10 日跌幅偏离值达7%
偏离值：-12.29% 成交量：6990.00万股 成交金额：381710.00万元

| 买入金额排名前5名营业部 | | |
|---|---|---|
| 营业部名称 | 买入金额(万元) | 卖出金额(万元) |
| 广发证券股份有限公司汕头潮阳棉城证券营业部 | 7540.74 | 17.93 |
| 西藏东方财富证券股份有限公司拉萨东环路第二证券营业 | 4734.50 | 3743.26 |
| 西藏东方财富证券股份有限公司拉萨团结路第二证券营业 | 4026.76 | 4427.06 |
| 招商证券股份有限公司上海牡丹江路证券营业部 | 3068.33 | 1503.63 |
| 平安证券股份有限公司金华宾虹路营业部 | 2785.43 | 2186.53 |
| 卖出金额排名前5名营业部 | | |
| 营业部名称 | 买入金额(万元) | 卖出金额(万元) |
| 华泰证券股份有限公司上海静安区威海路证券营业部 | 67.68 | 8601.47 |
| 西藏东方财富证券股份有限公司拉萨团结路第二证券营业 | 4026.76 | 4427.06 |
| 国元证券股份有限公司上海虹桥路证券营业部 | 14.02 | 3746.70 |
| 西藏东方财富证券股份有限公司拉萨东环路第二证券营业 | 4734.50 | 3743.26 |
| 国泰君安证券股份有限公司广州人民中路证券营业部 | 63.62 | 3344.00 |

从表3－9可以看出，2020年3月10日星期二卖出五档的资金全部超过买进五档的资金；且游资继续大幅对倒交易。再说一遍，一般人把龙虎榜看作次日交易的参考；我则把龙虎榜看作一个当天与主力操盘思路是否一致的对比，因为我们是看K线形态给出的信号操作，而不是看龙虎榜操作；当我们的思路与龙虎榜主力的操盘一致的时候，那才是令人欣慰的事，因为我们与大主力一样同时在行动。如果当作交易次日的参考，岂不晚了吗？

2020年4月3日星期五收盘截图，回顾道恩股份在下跌42.27％后，今天涨停板开启了又一波行情，如图3－105所示：

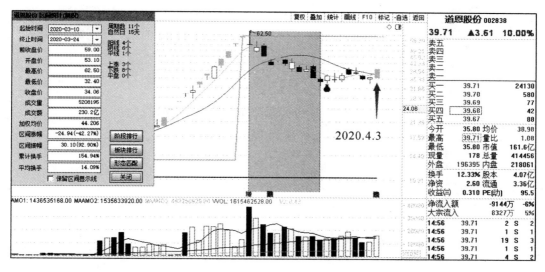

图3－105

2020 年 4 月 3 日星期五道恩股份收盘截图，如图 3－106 所示：

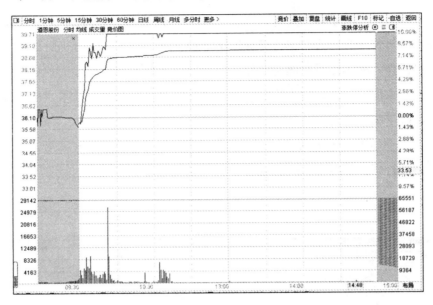

图 3－106

2020 年 4 月 3 日道恩股份买入卖出金额，如表 3－10 所示：

表 3－10

【交易日期】2020-04-03 日涨幅偏离值达7%
偏离值：10.43% 成交量：4145.00万股 成交金额：161546.00万元

| 买入金额排名前5名营业部 | | |
|---|---|---|
| 营业部名称 | 买入金额(万元) | 卖出金额(万元) |
| 爱建证券有限责任公司江苏分公司 | 4729.12 | 1.96 |
| 国泰君安证券股份有限公司南京太平南路证券营业部 | 3892.64 | 98.27 |
| 兴业证券股份有限公司陕西分公司 | 2683.88 | 7.44 |
| 中泰证券股份有限公司苏州干将西路证券营业部 | 2523.65 | - |
| 国盛证券有限责任公司宁波桑田路证券营业部 | 2436.15 | 4.77 |
| 卖出金额排名前5名营业部 | | |
| 营业部名称 | 买入金额(万元) | 卖出金额(万元) |
| 西藏东方财富证券股份有限公司拉萨团结路第二证券营业 | 912.23 | 2020.61 |
| 平安证券股份有限公司银川凤凰北街证券营业部 | 197.76 | 1542.59 |
| 西藏东方财富证券股份有限公司拉萨东环路第二证券营业 | 1026.63 | 1339.05 |
| 招商证券股份有限公司上海牡丹江路证券营业部 | 194.53 | 1204.42 |
| 平安证券股份有限公司深圳深南东路罗湖商务中心证券营 | 470.93 | 1076.09 |

2020 年 4 月 3 日 12:10 公司报道：

已接到近千吨海外熔喷料订单，道恩股份助力全球战"疫"。当前，国内疫情防控形势持续向好，但境外疫情却在加速扩散。道恩股份多措并举提升口罩布聚丙烯熔喷专用料产量，截至 4 月 2 日，公司已经接到近千吨海外订单，以实际行动助力全球战"疫"。

新冠肺炎疫情发生以来，口罩持续告急。作为《聚丙烯（PP）熔喷专用料》国家标准和《可重复使用民用口罩团体标准》的编制单位、国家疫情防控重点保障企业，道恩股份从 1 月 26 日（正月初二）开始召回休假的员工，立即调整生产计划，加班加点全力生产，为全国 20 多个省份的 100 余个客户发送了口罩布聚丙烯熔喷专用料。

在疫情日益严峻的情况下，客户订单接踵而至，而且已经陆续接到海外订单。为此，道恩股份发挥研发和技术优势以及顺畅的应急机制，迅速调剂改造现有设备，采购新设备，及时补充一线人员，严格进行工艺调试，快速实现增产扩能。

截至 3 月底，道恩股份以及大韩道恩（上海）公司口罩布聚丙烯熔喷专用料日产量由 135 吨提升至 350 吨。

"从近千吨海外订单分布情况来看，目前主要出口 10 余个国家"，据道恩股份进出口部经理张德雨介绍，"由于境外疫情异常严峻，客户订单激增、交货紧急，我们合理调度生产，第一时间安排发货，保障海外口罩布聚丙烯熔喷专用料供应，为全球抗'疫'出一份力"。

在全球化的时代背景下，抗疫绝非一城、一国之事。道恩海外新媒体推广负责人说，"3 月份，海外访客和询盘量较上个月明显增多，并且很多客户都是通过当地媒体报道，主动与我们联系。可以说，道恩的国际化水平得到了大幅提升"。

道恩股份董事长于晓宁表示，在统筹推进疫情防控和高质量发展的关键时期，公司发挥长期深耕聚丙烯熔喷专用料领域和从事国际贸易的专业能力，严格遵守国际贸易规则，提高报关运输各方面工作效率，力争使抗疫物资以最快速度到达购买国，为世界疫情防控和人类健康贡献"道恩力量"。

**思考题**

1. 一波段的走势看明白了没有？

2. 一根 K 线的位置含义看明白了没有？

3. 一日分时图的含义看明白了没有？

4. 盘中主力的意图看明白了没有？

5. 盘中主力的气势体现在哪里？

6. 如何寻找热点板块？

7. 如何在多个热点里寻找主要热点？

8. 如何寻找热点龙头？

9. 龙头股交易系统的灵魂是什么？

# 第四章
## 指数之 "上升最后怀抱线"

## 第一节 三个指数之 "上升最后怀抱线" 形态

2020 年 2 月 25 日星期二深证成指收盘 K 线截图，如图 4－1 所示：

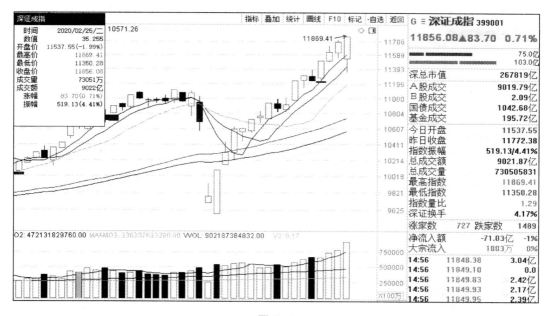

图 4－1

从图4-1我们看到，深证成指从2020年2月4日大阳线开始一路上涨到2月24日，25日低开高走收出了一根"上升最后怀抱线"；图4-3、4-5形态基本相似。

2020年2月25日星期二深证成指收盘分时截图，如图4-2所示：

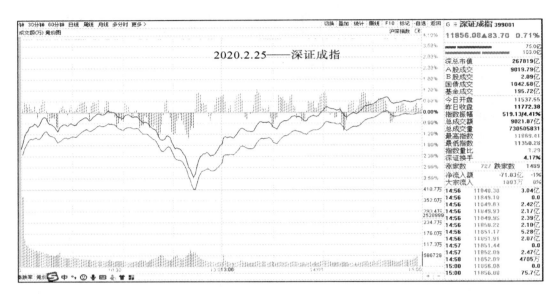

图4-2

2020年2月25日星期二创业板指收盘K线截图，如图4-3所示：

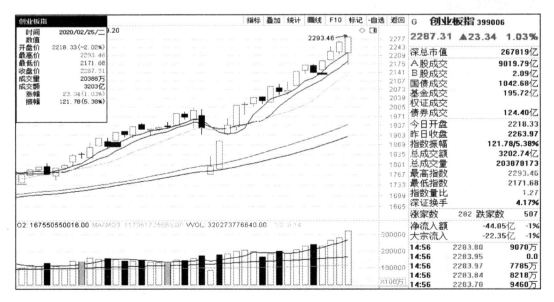

图4-3

2020 年 2 月 25 日星期二创业板指收盘分时截图，如图 4—4 所示：

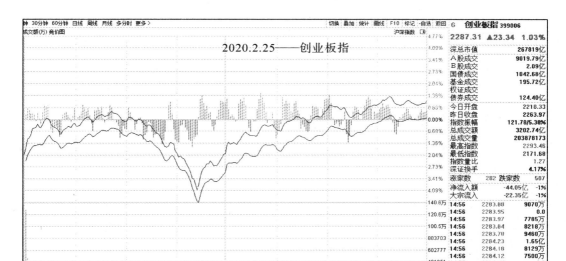

图 4—4

2020 年 2 月 25 日星期二中小板指收盘 K 线截图，如图 4—5 所示：

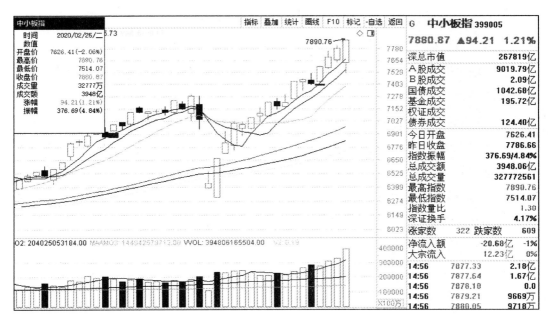

图 4—5

2020年2月25日星期二中小板指收盘分时截图，如图4－6所示：

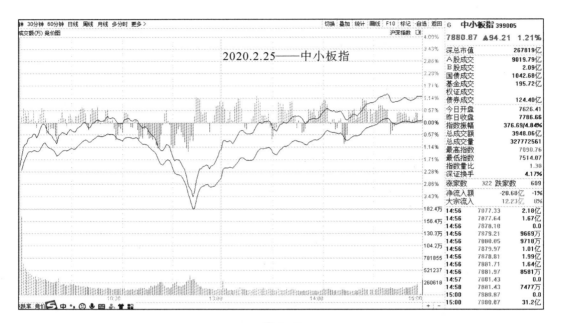

图4－6

如果你对《借刀斩牛股之酒田战法解析》的78种形态能熟练运用，一旦发现了这种"上升最后怀抱线"就会在收盘前一刻或者次日毫不犹豫地出局回避风险；我们看看《借刀斩牛股之酒田战法解析》修订本第202页是如何定义"上升最后怀抱线"的，原文这样写道：

"上升最后怀抱线是在一连串的上升之后，最后出现一根大阳线，几乎怀抱着后面几根日线的涨势。这乍看之下，好像是一种上涨的讯号。不过，多头全力买进的结果，可能就会引发后日的下挫。

"上升最后怀抱线的出现，必须确认它是否属于'骗线'——如果翌日开低就可确认它是骗线无疑，所以可立刻改持空头抛售的方针。当然也有翌日开高的情况。不过，最后如果收阴线时，仍然为看坏。所以，上升最后怀抱线是"转抛"的线型之一。"

我们再看看《借刀斩牛股之酒田战法解析》的配图，如图4－7所示：

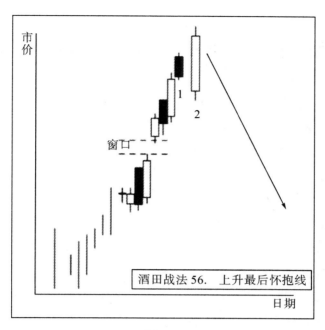

图 4-7

从文字到图形无一不提示我们，"上升最后怀抱线"是一波顶部来临的 K 线形态，此后的下跌将是定局；这正是"一叶而知秋"的 K 线形态。

# 第二节　"上升最后怀抱线"次日的走势图

2020 年 2 月 26 日星期三盘前分析：

继续关注口罩防护、抗流感、仿制药几个板块的龙头"三剑客"：经过昨日市场资金的筛选，淘汰了不强势的标的，留下了强势的龙头"三剑客"。

口罩防护概念：002838 道恩股份、300658 延江股份、600156 华升股份；

抗流感概念：600513 联环药业、600789 鲁抗医药、000518 四环生物；

仿制药概念：300363 博腾股份、000078 海王生物、600664 哈药股份。

另外、我近期一直点评的高科技"华为、国防军工、新能源车、5G、芯片、特斯拉、锂电池"等概念的强势个股都是很好的；市场出现了多板块向上的可喜格局。

注意，在做多的同时，多一点谨慎；毕竟新冠肺炎疫情在境外呈扩散之势，隔夜美股又重挫；昨天深证成指、中小板指、创业板指都收出一根"上升最后怀抱线"。注意回调修整，谨慎！！

我只是分析"牛股、龙头、妖股"，但不构成投资建议！！

以上分析，仅供参考；买卖自定，盈亏自负！！

以上的分析如图 4—8 所示。

请注意：在盘前分析中强调："昨天深圳（证）成指、中小板指、创业板指都收出一根上升最后怀抱线——注意回调修整，谨慎！！"

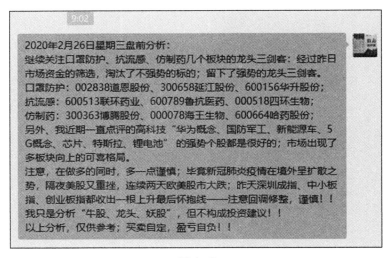

图 4-8

2020 年 2 月 26 日星期三深证成指收盘 K 线截图，如图 4－9 所示：

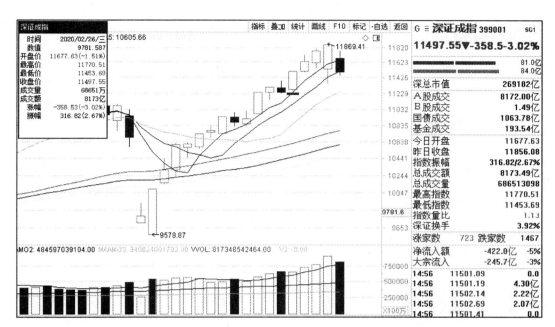

图 4－9

2020 年 2 月 26 日星期三深证成指收盘分时截图，如图 4－10 所示：

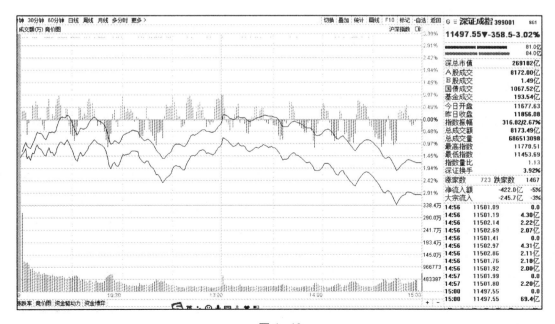

图 4－10

2020 年 2 月 26 日星期三中小板指收盘 K 线截图，如图 4－11 所示：

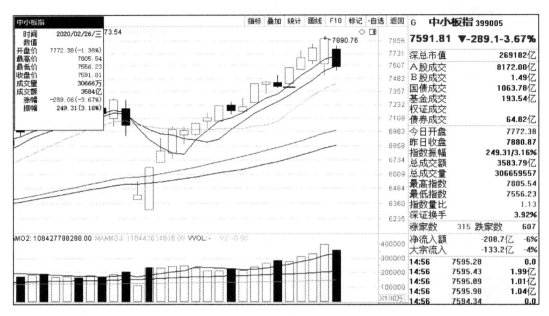

图 4－11

2020 年 2 月 26 日星期三中小板指收盘分时截图，如图 4－12 所示：

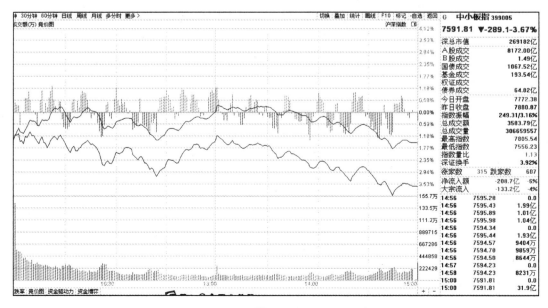

图 4－12

2020 年 2 月 26 日星期三创业板指收盘 K 线截图，如图 4—13 所示：

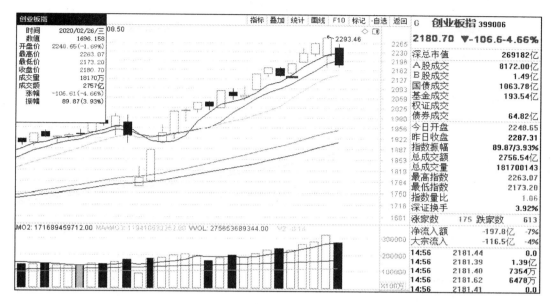

图 4—13

2020 年 2 月 26 日星期三创业板指收盘分时截图，如图 4—14 所示：

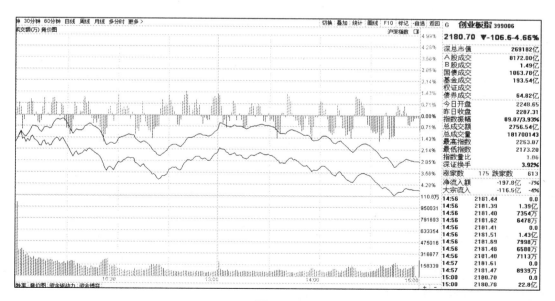

图 4—14

2 月 26 日的阴线就是对"上升最后怀抱线"的确认，其后股价必然会下跌。

# 第三节 "上升最后怀抱线"后势发展

2020年3月31日星期二深证成指收盘截图,如图4-15所示:

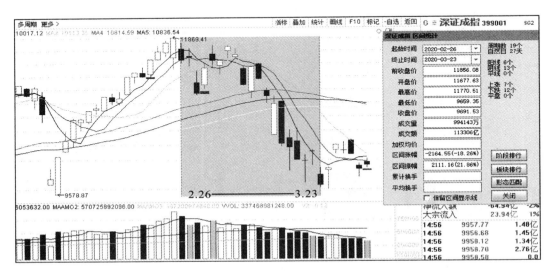

图 4-15

2020年3月31日星期二中小板指收盘截图,如图4-16所示:

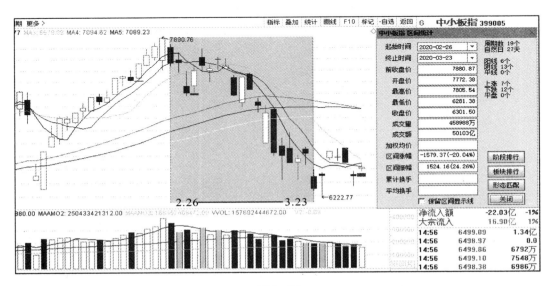

图 4-16

2020 年 3 月 31 日星期二创业板指收盘截图，如图 4－17 所示：

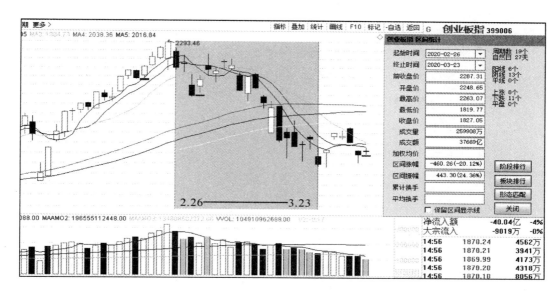

图 4－17

　　从图 4－15、4－16、4－17 三个图中，我们看到，"上升最后怀抱线"后三大指数的走势都是反复持续下行的。事实再次告诉我们，一旦市场到了波段的顶部，最好清仓出局休息回避，不要再操作，一直等到底部出现明确的止跌反转形态后再次入市才是最佳的选择。有时间就看看《主升浪之巧取豪夺》，那里面有牛散的"三大纪律和八项注意"，如图 4－18 所示：

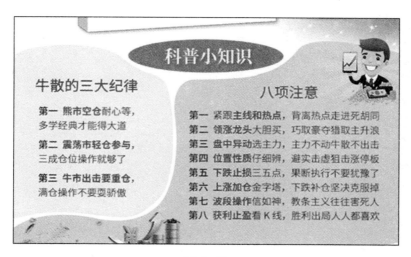

图 4－18

**思 考 题** ·····································································

1. 经典的 K 线形态有 79 种，每种形态的含义、其后的走势你是否知道？

2. 你能熟练掌握的 K 线形态有多少种？

3. 如何看大盘做股票？

4. 如何遵守"三大纪律、八项注意"？

5. 自问自己亏损的根源是？

6. 如何纠正亏损的错误？

# 第五章
# 美股大熔断

## 第一次　熔断——1997.10.27

截至 2020 年 3 月 23 日，美国历史上共发生了 5 次股市熔断，第一次是在 1997 年 10 月 27 日，那是在 20 多年前。剩下的 4 次都是发生在 2020 年 3 月份，集中看一下：

美国在 1987 年的"黑色星期一"的 3 个月之后推出了股指熔断机制，分为 7％、13％、20％的三档下跌熔断。

1997 年 10 月 27 日，道琼斯工业指数暴跌 7.18％，收于 7161.15 点，创下自 1915 年以来最大跌幅。这是美股历史上第一次熔断。

# 第二次　熔断——2020.3.9

2020 年 3 月 6 日 OPEC＋未能就减产运成协议，3 月 8 日，意大利紧急封城，约 1600 万人受到影响，3 月 9 日油价暴跌引发了投资者们对经济衰退的担忧，这也直接反映在美股市场的暴跌上。

2020 年 3 月 9 日北京时间 21:34，投资者见证美股史上第二次熔断。

截至 3 月 9 日当天收盘，道琼斯工业平均指数下跌 2013.76 点，收于 23851.02 点，跌幅为 7.79%；标准普尔 500 指数下跌 225.81 点，收于 2746.56 点，跌幅为 7.60%；纳斯达克综合指数下跌 624.94 点，收于 7950.68 点，跌幅为 7.29%。

《经济时报》报道：3 月 10 日，"股神"巴菲特接受采访时表示，3 月 9 日道琼斯指数狂泻 2000 多点，美股触发熔断，89 岁的他也没见过这种场面，这是新冠肺炎和原油动荡一起造成的结果，市场会被锤晕了。

# 第三次　熔断——2020.3.12

2020年3月10日，美国能源部暂停最高达1200万桶的原油出售计划；3月11日，WHO宣布新冠肺炎为大流行病，3月11日美股又遭遇了第三轮下跌，主要原因是在欧美疫情越发严重以及波动率大幅放大的背景下，市场引发了流动性危机，杠杆资金被动平仓、机构恐慌、回购市场流动性匮乏。

2020年3月12日北京时间21:35，投资者见证了美股史上第三次熔断。

截至3月12日周四收盘，道琼斯工业平均指数下跌2352.60点，跌幅9.99%，报21200.62点；纳斯达克综合指数跌9.43%，报7201.80点；标准普尔500指数跌9.51%，报2480.64点。道指和标普500指数创下1987年"黑色星期一"以来最大单日跌幅，三大股指全部进入熊市。

## 第四次 熔断——2020.3.16

3月16日，美联储再次紧急操作，一下子把利率降到了0，并且开展7000亿美元QE，2020年3月16日北京时间21：30，投资者见证了美股史上第四次熔断。

北京时间21：30，标准普尔500指数开盘下跌220.60点，跌幅8.14％，报2490.47点；纳斯达克综合指数开盘下跌482.20点，跌幅6.12％，报7392.73点；道琼斯工业平均指数开盘下跌2250.50点，跌幅9.71％，报20935.16点。标准普尔500指数直接触发本月第三次熔断。美股熔断前，特朗普发推表示：上帝保佑美国！

截至2020年3月17日收盘，道琼斯工业平均指数收盘下跌12.93％，报20188.52点，创2017年2月以来新低；纳斯达克综合指数收盘下跌12.32％，报6904.59点；标准普尔500指数收盘下跌11.98％，报2386.13点。道指创33年来最大单日跌幅，科技股、石油股、贵金属股与中概股板块领跌，其他权益类资产也都遭抛售，市场再现"黑色星期一"。

| 道琼斯工业 | 纳斯达克 | 标普500 |
|---|---|---|
| 20188.52 | 6904.59 | 2386.13 |
| -2997.10 -12.93% | -970.29 -12.32% | -324.89 -11.98% |

# 第五次　熔断——2020.3.19

　　面对美股的断崖式暴跌，美联储采取了一系列的超常规宽松政策，其中最关键的是，3月17日美联储宣布重启 CPFF 计划，并且晚间再度宣布另一行动，即自3月20日起向24家初级市场交易商提供短期贷款（PDCF），以向企业及家庭提供流动性资金，该短期贷款最长期限为90天。3月18日夜间，美联储宣布成立新工具 MMLF，类似 2008 年的 AMLF 机制。3月18日重启购买商业票据。

　　2020年3月19日北京时间 00:56，投资者见证了美股史上第五次熔断。

　　标准普尔 500 指数盘中跌超 7%，美股触发熔断，暂停交易 15 分钟，为近两周来第四次熔断，道指狂跌 7%，抹去特朗普就职以来的全部涨幅。

| 道琼斯工业 | 纳斯达克 | 标普500 |
|---|---|---|
| **19898**.92 | **6989**.84 | **2398**.10 |
| -1338.46　-6.30% | -344.94　-4.70% | -131.09　-5.18% |

　　这是3月来第四次熔断，也是美股史上第五次熔断。一个月之内四次熔断，堪称史无前例，原因大概有三点：

　　一是新冠肺炎疫情的持续扩散，特朗普政府却显得极为"淡定"和傲慢，3月11日特朗普重申自己的乐观态度，称对绝大多数美国人来说，新冠病毒造成的风险"非常低"，市场理解为不会采取强力措施来控制疫情。这也是3月12日尽管纽约联储宣布万亿美元的流动性注入，但市场依然不买账的原因。

　　二是全球原油价格暴跌，面对本轮疫情引发的全球需求断崖式下滑，沙特呼吁各产油国加大减产幅度来化解短期危局，并且还主动承担了最大的减产责任，但俄罗斯拒绝跟进，此举也直接将石油市场推向了困境，沙特增加产量积极应战，进而引发了后续油价暴跌。

　　在过去几年美国是页岩油的最大生产国，油价暴跌直接打击了美国的页岩油产业，同时也间接加速了美国经济走向衰退，因为疫情已经导致市场对未来经济增速很不乐观，此时油价暴跌又强化了通缩预期，削弱了联储降息对经济的刺激效果，市场继续下跌。

三是流动性危机，当前美国市场出现的流动性危机源于多方面原因，疫情只是触发剂，而本质原因是美国长期牛市、货币政策宽松及由于特朗普背书引发的杠杆和泡沫，ETF 和股票回购大行其道起到了助推作用。

3 月 16 日，美联储先是将利率几乎直降为 0，并推出 7000 亿美元的宽松计划；然而，却是杯水车薪，其结果，是以股市再次直接熔断而告终。

美国时间 3 月 23 日早上，美联储宣布，由于"冠状病毒大流行在美国和世界各地造成了巨大的困难……尽管仍然存在很大的不确定性，但很明显，我们的经济将面临严重的破坏"。美联储致力于在这一充满挑战的时期内使用其"全套工具"来支持家庭、企业和美国整体经济，美联储正在利用其"全部权限"来为向美国家庭和企业的信贷流动提供有力的支持。

经济学家马光远说：

"具体来看，美联储这次历史性的祭出了'六脉神剑'来支持被病毒威胁的美国经济：

"第一，除了之前宣布的购买国债，还将购买机构抵押支持证券。美联储之前已经宣布将购买至少 5000 亿美元的美国国债和至少 2000 亿美元的抵押支持证券，在这个基础上，美联储将购债范围扩大到机构抵押支持证券，宣布本周每天都将购买 750 亿美元国债和 500 亿美元机构住房抵押贷款支持证券。

"第二，通过建立新的计划来支持信贷流向雇主、消费者和企业，这些计划加在一起将提供高达 3000 亿美元的新融资。财政部将使用外汇稳定基金（ESF）向这些设施提供 300 亿美元的股本。

"第三，建立两种支持向大型雇主提供信贷的设施：初级市场公司信贷工具（PM-CCF），用来发放新债券和贷款；二级市场公司信贷工具（SMCCF），用来为流通的公司债券提供流动性。

"第四，建立第三个设施，即定期资产支持证券贷款设施（TALF），以支持信贷流向消费者和企业。TALF 将允许发行由学生贷款、汽车贷款、信用卡贷款，小企业管理局（SBA）担保的贷款支持的资产支持证券（ABS），以及某些其他资产。

"第五，通过扩展货币市场共同基金流动性融资（MMLF），以包括市场上可变利率的需求票据（VRDN）和银行存款证明，包括各种证券，促进信贷向市政当局的流动。

"第六，通过扩展商业票据融资工具（CPFF），将高质量、免税的商业票据作为合格证券包括在内，促进信贷向市政当局的流动。此外，该设施的价格已降低。

"同时，美联储预计将宣布建立'大街商业贷款计划'，以支持对符合条件的中小型企业的贷款，以补充小企业管理局的努力。

"美联储开动无限量印钞，也意味着货币政策的宽松开启了一个新的时代。"

我们看到美联储简直是破釜沉舟、孤注一掷，直接打光了所有的子弹；除此之外已经没有其他办法了，因为但凡还有其他手段，是断然不会出此下策的。

为什么是下策？在 1948 年，在战争中节节败退的国民党政府财政亏空入不敷出，于示国民党大量发行金圆券；在 1948 年 8 月，大规模推出金圆券，滥发货币引发恶性通货膨胀，民众买白菜都要推一车的金圆券；因此，不到一年经济体系就彻底崩溃。

鉴于目前美国联合西方国家开启无限量宽松政策，说白了就是希望用印钱来救命，用印钱来救美股，然后让全球消费者买单。

市场评价，美联储疯了，这一次美联储火力全开，等于是把压箱底的所有手段都拿了出来，目的只有一个，就是美国经济不能因为流动性而出现问题。美联储告诉资本市场：钱管够，无限制印。很显然，这是破釜沉舟之举。

资本市场买账吗？

一个月内四次熔断，美股断崖式暴跌，其三大指数走势图，如图 5－1、5－2、5－3 所示。

道琼斯工业（全球指数）周线图出现断崖式暴跌，如图 5－1 所示：

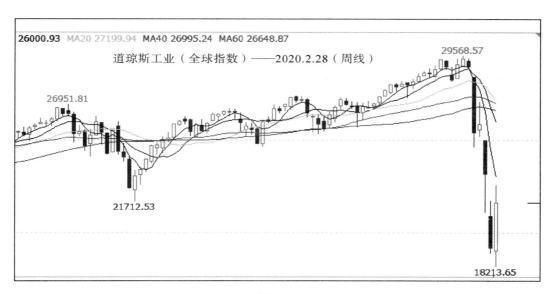

图 5－1

纳斯达克（全球指数）周线图出现断崖式暴跌，如图5－2所示：

图5－2

标准普尔（全球指数）周线图出现断崖式暴跌，如图5－3所示：

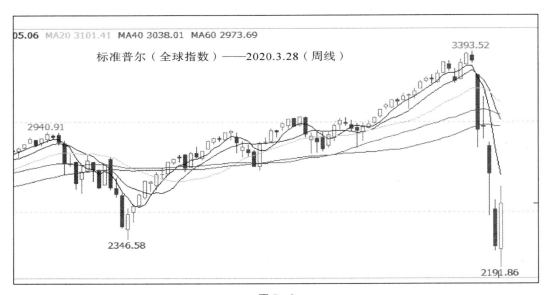

图5－3

　　一个月内四次熔断，仅是牛市的崩塌，还是帝国的崩塌？用西方擅长的逻辑思维来说，"股市是国民经济的晴雨表"，用东方擅长的形象思维来说，"落花流水春去也"。

从目前来看，美股自 2 月 19 日历史高点推算，已有 30% 跌幅。美股缩水后的总市值 35.16 万亿（创 2017 年以来历史新低），美股在一周内三次、一月内四次熔断情况下，3 月份美股市值损失约 7.71 万亿美元。

2020 年美股遭遇史上最惨第一季度，道指暴跌 23%。

2020 年第一季度，全球股市表现如图 5—4 所示。道指和标普 500 指数遭遇有史以来最惨第一季度，分别下跌 23.2% 和 20%。道指也创下自 1987 年以来的最差季度表现，标普 500 指数创下自 2008 年以来的最大季度跌幅。纳指第一季度下跌 14.18%。

| 全球股市一季度表现 | |
|---|---|
| 指数 | 涨跌幅 |
| 创业板 | 4.10% |
| 上证指数 | -9.83% |
| 恒生指数 | -16.63% |
| 日经225 | -20.04% |
| 韩国KOSPI | -20.16% |
| 道琼斯 | -21.76% |
| 德国DAX30 | -23.99% |
| 欧洲斯托克50 | -24.64% |
| 意大利MIB | -26.58% |
| 西班牙 | -28.75% |

图 5—4

美股股市短时间内的四次狂泻，对于全民炒股的美国而言，意味着大量的民众一夜之间将陷入赤贫。

巴菲特活了 89 岁没有见过这样的场面，如今我们和他老人家一道见证历史。据美国证监会 3 月 13 日披露，巴菲特 3 月 3 日增持了纽约梅隆银行（BNY Mellon）股份，增持后持有纽约梅隆银行 8900 万股，占总股本比例超过 10%。2 月末，伯克希尔—哈撒韦的基金以每股 45.48 美元至 47.14 美元的价格，买入 97.6507 万股达美航空股票，最新持股数达 7188.6963 万股。

此前巴菲特在接受采访时表示，疫情不会影响其投资股票，投资者不应该根据头条新闻买卖股票。股市大跌"对伯克希尔是好事"，"我不会抛售航空公司的股票"。

DAL 达美航空走势图，如图 5—5 所示：

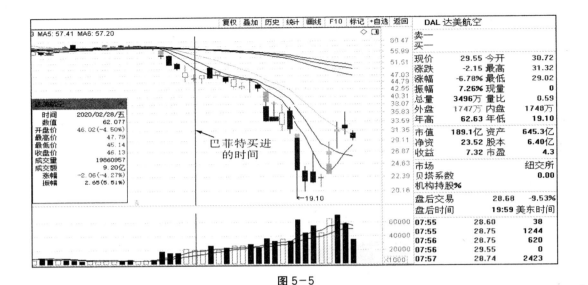

图 5-5

图 5-5 中的竖线 2020 年 2 月 28 日是巴菲特买进的时间。

DAL 达美航空走势图,如图 5-6 所示:

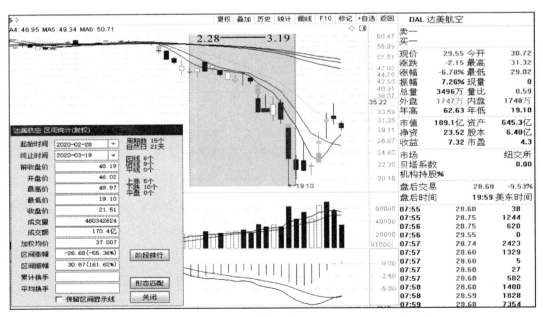

图 5-6

图 5-6 是巴菲特 2020 年 2 月 28 日买进到 3 月 19 日区间 15 个交易日,在达美航空上亏损幅度达 65.36%。

图 5－7 为 BK 纽约梅隆银行走势图：

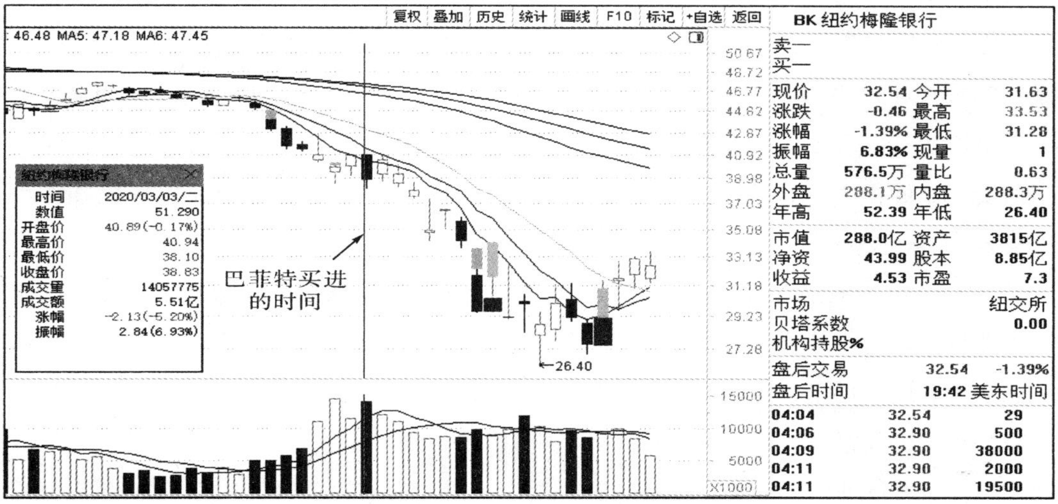

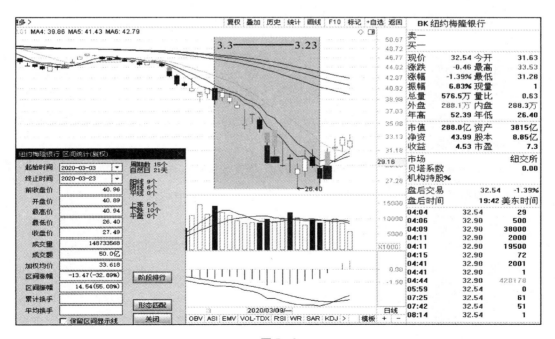

图 5－7

图 5－7 中的竖线 2020 年 3 月 3 日是巴菲特买进的时间。

BK 纽约梅隆银行走势图，如图 5－8 所示：

图 5－8

从图5—8中可以看到，巴菲特3月3日买进后，区间15个交易日，在纽约梅隆银行上亏损幅度达32.89%。

据新浪财经讯：美国东部时间3月20日，近日受新冠疫情影响导致美股几波大跌，"股神"巴菲特所在公司伯克希尔—哈撒韦公司市值也大幅受损，随着伯克希尔—哈撒韦所持有的苹果、美国银行和美国航空等公司的股票价格暴跌，伯克希尔—哈撒韦遭受的账面损失总额现已超过860亿美元，这接近去年该公司归属股东的净利润814.17亿美元。

2月19日美股进入熊市，伯克希尔—哈撒韦公司股价跌幅最高达32%。在2月22日巴菲特致投资者的公开信中，伯克希尔—哈撒韦公司前十大持仓股票分别为：苹果、美国银行、可口可乐、美国运通、富国银行、美国合众银行、摩根大通、穆迪、达美航空和纽约梅隆银行。从2月20日到3月18日收盘，前十大股票平均下跌了37%。在不到一个月的时间里，伯克希尔—哈撒韦十大股票头寸的总价值从约2080亿美元降至1400亿美元，减少了680亿美元。

2020年4月7日星期二，股票重要消息公众号以"巴菲特割肉了！腰斩减持美航空和西南航空"为标题作文，并点评：巴菲特在美股熔断之初，抄底了两大航空股，结果过了33天，就亏损50%"割肉"离场。引发一片调侃，价值投资成了追涨杀跌，巴菲特成了"巴韭特"了？但这才是真"股神"，发现抄底错了，就赶紧止损，这就是执行力。

巴菲特为啥抛售航空股？结合美国紧急召回在外公民，种种迹象表明，美国为了控制疫情，可能要全面"封国断航"。航空公司既是高负债行业，又是重资产行业，如果几个月甚至半年不通航，出路只有两个，一是倒闭，二是被政府接管。无论哪个选择，对巴菲特都不是好消息，这就是他"割肉"的原因！

不过，波音是美国工业制造的明珠，政府肯定会救航空业。参照2008年对通用公司、花旗银行的政策，公司可破产重组活下来，但老股东会被洗劫一空。所以，巴菲特的纠错不是不看好航空股，而是他完全可以通过可转债，参与航空股的破产重组，获得更大的回报；就像2008年政府对高盛的注资一样，让"股神"赚得盆满钵满。

巴菲特的"割肉"，对A股航空板块也形成利空，加上油价开始企稳反弹，A股肯定要承压了！不过，国内已全面复工，疫情期间航空物资运输是主力，国内航空板块有机会见底反转。春秋航空、华夏航空这种不依赖国际航线的航空公司，可能率先走出来。但不必操之过急，等疫情高峰过去，你就能战胜一次巴菲特了！

附：美国总统特朗普关于口罩的言论

在美国，戴不戴口罩成了一个问题。美国疫情暴发以来，美国总统特朗普一直说，美国很安全，出门不用戴口罩。

**图 5-9**

美国总统特朗普放话："我不会戴口罩，但建议普通人戴好口罩。"

**图 5-10**

北京时间 3 月 21 日，美国当地时间 21 日，美国总统特朗普向医务工作者提出建议，称"在救治新冠肺炎患者时，口罩可以消毒并重复使用，而不是在供应紧缺时扔掉它们"。

图 5-11

美国疫情严重了，特朗普终于改口了。据《每日邮报》4 月 3 日报道，特朗普在周五（美国时间）的新闻发布会上宣布，疾病控制中心建议美国人戴上非医用口罩，但他强调，这不是强制性的。

图 5-12

　　据央视新闻客户端消息，美国总统特朗普 2020 年 4 月 2 日（美国时间）在白宫发布会上表示，即将出台关于佩戴口罩的规定，但不会是强制的。他还表示："人们想戴口罩就戴。在很多方面，围巾（比口罩）更好，围巾更厚。"

图 5—13

　　美国人果然很听特朗普的话，用围巾代替口罩。

图 5—14

美媒体批美政府浪费两个月，反应迟钝。

图5-14

# 第六章
## 航天长峰借 "呼吸机" 不断飙升

## 第一板 2020.3.20 底部长阳涨停

2020 年 3 月 20 日，600855 航天长峰触底后拉出第一个涨停板，如图 6-1 所示，然后被游资以呼吸机概念一路炒作。

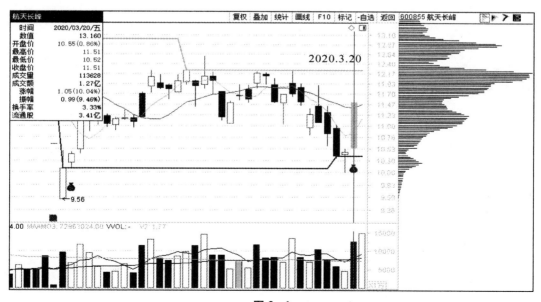

图 6-1

此后，航天长峰公告一直强调：重型呼吸机仍处于产品注册阶段，不具备国内外销售资格，然而股价却疯狂上涨！

根据龙虎榜数据统计，龙虎榜成交额前两位皆来自拉萨，分别是东方财富证券拉萨团结路第二营业部、东方财富证券拉萨东环路第二营业部。公开资料显示游资从3月27日开始一直炒作到2020年4月8日还在买进……

这就是资本闻风而动、概念炒作的杰作。

# 第二板 2020.3.23 一字板封死涨停

2020 年 3 月 23 日星期一，航天长峰跳空高开一字板，并封死到收盘，如图 6－2 所示：

图 6－2

第二天的一字板不给机会，我没有关注它。

2020 年 3 月 23 日航天长峰买入卖出金额，如表 6－1 所示：

表 6－1

【交易日期】2020-03-23 三日涨幅偏离值累计达20%
偏离值:21.53% 成交量:2313.49万股 成交金额:27557.48万元

| 买入金额排名前5名营业部 | | |
|---|---|---|
| 营业部名称 | 买入金额(万元) | 卖出金额(万元) |
| 财通证券股份有限公司杭州上塘路证券营业部 | 1266.00 | － |
| 中国中金财富证券有限公司无锡清扬路证券营业部 | 822.90 | － |
| 中国银河证券股份有限公司上海浦东南路证券营业部 | 767.70 | － |
| 国融证券股份有限公司杭州鸿宁路证券营业部 | 748.52 | － |
| 中信证券股份有限公司深圳总部证券营业部 | 741.47 | － |
| 卖出金额排名前5名营业部 | | |
| 营业部名称 | 买入金额(万元) | 卖出金额(万元) |
| 广发证券股份有限公司珠海凤凰北路证券营业部 | － | 544.83 |
| 恒泰证券股份有限公司长春东南湖大路证券营业部 | － | 455.76 |
| 中国银河证券股份有限公司绍兴柯桥鉴湖路证券营业部 | － | 371.69 |
| 财通证券股份有限公司绍兴县柯桥湖西路证券营业部 | － | 338.60 |
| 方正证券股份有限公司总部 | － | 301.31 |

## 第三板  2020.3.25 突破反拖线涨停

2020 年 3 月 25 日星期三盘前分析如下：

昨天，航天长峰在突破后收出一根反拖线，可以重点关注。一旦跳空高开，价格突破 12.66 元，就是上涨的开始，追击是最好的选择。

以上分析内容截图，如 6－3 所示：

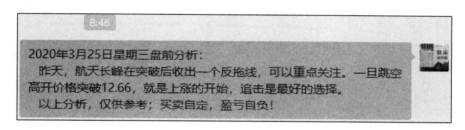

图 6－3

2020 年 3 月 25 日星期三航天长峰走势图，如图 6－4 所示：

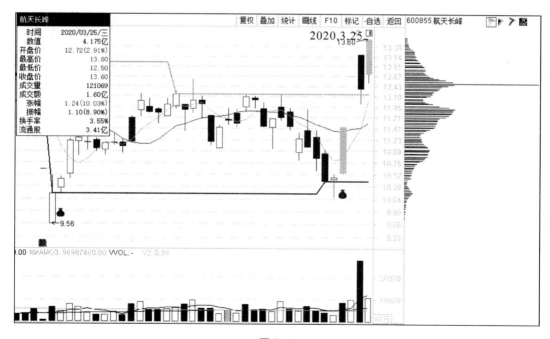

图 6－4

关于反拖线，可以参考我的《借刀斩牛股之酒田战法解析》2019 年修订本第73—76 页的相关内容。

2020 年 3 月 25 日星期三航天长峰分时图，如图 6—5 所示：

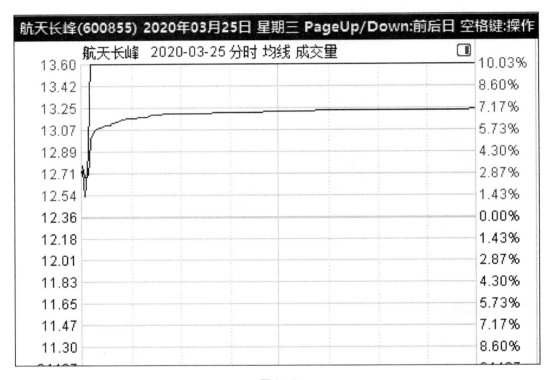

图 6—5

# 第四板  2020.3.26 第二次一字板

2020 年 3 月 26 日星期四航天长峰走势图，如图 6—7 所示：

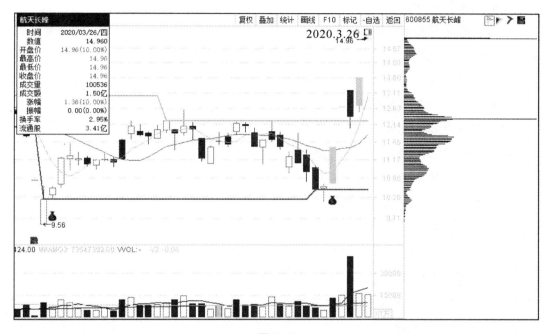

图 6—7

2020 年 3 月 26 日 20:21，航天长峰发布公告：重症呼吸机 Athena 8500 尚未在国内形成实际销售。

航天长峰发布澄清说明公告，公司关注到有媒体将公司归类为呼吸机概念股，且报道称公司研发出重症呼吸机 Athena 8500。该产品目前处于产品注册阶段，尚没有取得中国医疗器械产品注册证，目前尚未量产，在国内没有形成实际销售。此外，公司目前自产在销的呼吸机型号主要为 ACM812A 急救转运呼吸机，该机型只具备基础呼吸支持功能，尚不能满足更复杂的危重症临床呼吸支持需求。其业务规模占公司整体业务比重较小。

公告原文如下：

2020—03—26  20:43 航天长峰（600855）：关于有关媒体报道事项的澄清说明公告

公司关注到有媒体将公司归类为呼吸机概念股，且报道称公司研发出重症呼吸机 Athena 8500。同时，公司也发现相关平台出现投资者关于公司呼吸机产销情况夸大讨论与解读的情形。公司股价近 5 个交易日上涨幅度达到 43.02％，与同行业股票指数走势偏离度达到 44.70％。本公司现对有关事项给予澄清说明。

一、相关传闻简述

近日，北京航天长峰股份有限公司（以下简称"公司"）关注到有媒体将公司归类为呼吸机概念股，且报道称公司研发出重症呼吸机 Athena 8500。同时，公司也发现相关平台出现投资者关于公司呼吸机产销情况的夸大讨论与解读的情形。为避免对投资者构成误导，特对上述事项澄清说明如下：

二、相关情况说明及风险提示

（一）公司研制的重症呼吸机 Athena 8500 目前处于产品注册阶段，尚没有取得中国医疗器械产品注册证，目前尚未量产，在国内没有形成实际销售。

（二）公司目前自产在销的呼吸机型号主要为 ACM812A 急救转运呼吸机，该机型只具备基础呼吸支持功能，尚不能满足更复杂的危重症临床呼吸支持需求。

（三）公司目前自产在销的 ACM812A 呼吸机业务规模占公司整体业务比重较小。2019 年，该机型销售数量为 201 台，销售金额约为 325 万元，占公司整体销售收入比重较小，对公司 2019 年度整体业绩影响极小。

（四）目前公司主营业务未发生重大变化，其中安保科技建设业务 2018 年营业收入占比为 78.06％，电子信息业务 2018 年营业收入占比为 14.60％，两者合计占比为 92.66％。

（五）公司预计 2019 年实现归属于上市公司股东的净利润与上年同期（调整后）相比，同比减少 36.09％至 52.80％；预计 2019 年实现归属于上市公司股东的净利润与上年同期（调整前）相比，同比减少 14.33％到 36.74％；预计 2019 年实现归属于上市公司股东的扣除非经常性损益的净利润与上年同期相比，同比减少 118.45％到 145.73％。

（六）根据 Wind 行业分类结果显示：截至 3 月 26 日，公司所处"信息科技咨询与其他服务业"行业的中位数平均静态市盈率为 53.12，中位数平均滚动市盈率为 42.96；公司的静态市盈率为 86.67，滚动市盈率为 118.74。公司当前的静态市盈率、滚动市盈率均明显高于同行业的中位数平均水平。公司市盈率相对来说处于较高水平。

公司将继续关注相关媒体报道及相关事项进展，并将按照规定及时履行信息披露义务。

公司指定的信息披露报纸为《上海证券报》，指定信息披露网站为上海证券交易所网站（www.sse.com.cn）。公司所有公开披露的信息均以在上述指定媒体刊登的内容为准，敬请广大投资者关注并注意投资风险。

## 第六天　2020.2.27 触及涨停板分道扬镳

2020年3月27日星期五，盘前分析如下：

昨天（3月26日）航天长峰又是一个一字板，不给散户买进的机会，今天如果有机会，还是可以逢低买进的。市场把该股判定为呼吸机概念，目前随着海外疫情的不断爆发，呼吸机的需求也会加大。既然主力强势介入，有望成为呼吸机概念的龙头股，作为散户，紧紧跟随是唯一的选择……

以上分析内容，如图6－8所示：

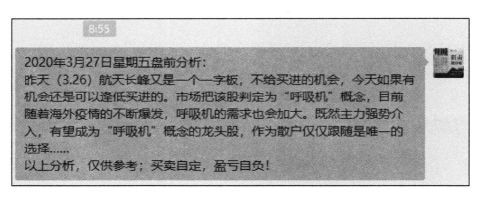

图6－8

2020 年 3 月 27 日星期五航天长峰走势图，如图 6－9 所示：

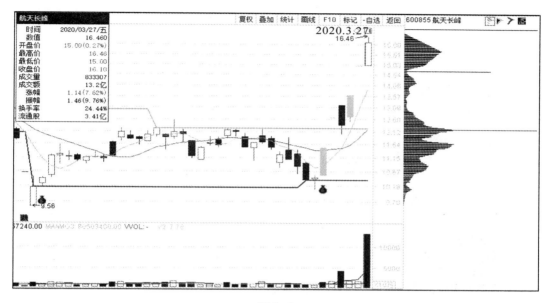

图 6－9

2020 年 3 月 27 日星期五航天长峰分时图，如图 6－10 所示：

图 6－10

从表 6-2 的龙虎榜数据我们看到机构在获利了结，游资在买进机构在卖出。机构与游资分道扬镳，机构见好就收，游资愈战愈勇，大涨就在后面。

表 6-2

【交易日期】2020-03-27 三日涨幅偏离值累计达 20%
偏离值:25.81% 成交量:10549.12 万股 成交金额:163066.07 万元

| 买入金额排名前5名营业部 | | |
|---|---|---|
| 营业部名称 | 买入金额(万元) | 卖出金额(万元) |
| 西藏东方财富证券股份有限公司拉萨东环路第二证券营业部 | 1442.47 | - |
| 国泰君安证券股份有限公司南京太平南路证券营业部 | 1388.23 | - |
| 西藏东方财富证券股份有限公司拉萨团结路第二证券营业部 | 1375.70 | - |
| 华泰证券股份有限公司上海武定路证券营业部 | 1317.22 | - |
| 国泰君安证券股份有限公司上海江苏路证券营业部 | 1194.14 | - |
| 卖出金额排名前5名营业部 | | |
| 营业部名称 | 买入金额(万元) | 卖出金额(万元) |
| 上海证券有限责任公司商城路证券营业部 | - | 5694.11 |
| 方正证券股份有限公司总部 | - | 2660.19 |
| 中信建投证券股份有限公司广州市中山三路证券营业部 | - | 1891.11 |
| 机构专用 | - | 1839.83 |
| 机构专用 | - | 1601.37 |

2020 年 3 月 27 日 20:12 航天长峰发布公告:自产在销 ACM812A 急救转运呼吸机 2019 年销售金额约为 325 万元。航天长峰发布股票交易异常波动公告称，公司研制的重症呼吸机 Athena 8500 目前处于产品注册阶段，尚没有取得中国医疗器械产品注册证，目前尚未量产，在国内没有形成实际销售。公司目前自产在销的呼吸机型号主要为 ACM812A 急救转运呼吸机，该机型只具备基础呼吸支持功能，尚不能满足更复杂的危重症临床呼吸支持需求。该呼吸机业务规模占公司整体业务比重较小，2019 年销售数量为 201 台，销售金额约为 325 万元，占公司整体销售收入比重较小。

公告原文如下：

2020—03—27　20:29航天长峰（600855）：关于股票交易异常波动公告

风险提示：

公司股票交易于2020年3月25日、3月26日、3月27日连续三个交易日内日收盘价格涨幅偏离值累计达到20%，根据《上海证券交易所交易规则》的有关规定，属于股票交易价格异常波动的情形。

目前公司主营业务未发生重大变化，其中安保科技建设业务2018年营业收入占比为78.06%，电子信息业务2018年营业收入占比为14.60%，两者合计占比为92.66%。

根据Wind行业分类结果显示：截至2020年3月27日，公司所处"信息科技咨询与其他服务业"行业的中位数平均静态市盈率为51.28，中位数平均滚动市盈率为42.34；公司的静态市盈率为93.28，滚动市盈率为127.79。公司当前的静态市盈率、滚动市盈率均明显高于同行业的中位数平均水平。公司市盈率相对来说处于较高水平，请投资者注意投资风险，理性决策，谨慎投资。

公司研制的重症呼吸机Athena 8500目前处于产品注册阶段，尚没有取得中国医疗器械产品注册证，目前尚未量产，在国内没有形成实际销售。

公司目前自产在销的呼吸机型号主要为ACM812A急救转运呼吸机，该机型只具备基础呼吸支持功能，尚不能满足更复杂的危重症临床呼吸支持需求。

公司目前自产在销的ACM812A呼吸机业务规模占公司整体业务比重较小。2019年，该机型销售数量为201台，销售金额约为325万元，占公司整体销售收入比重较小，对公司2019年度整体业绩影响极小。

公司预计2019年实现归属于上市公司股东的净利润与上年同期（调整后）相比，同比减少36.09%至52.80%；预计2019年实现归属于上市公司股东的净利润与上年同期（调整前）相比，同比减少14.33%到36.74%；预计2019年实现归属于上市公司股东的扣除非经常性损益的净利润与上年同期相比，同比减少118.45%到145.73%。

一、股票交易异常波动的具体情况

北京航天长峰股份有限公司股票交易于2020年3月25日、3月26日、3月27日连续三个交易日内日收盘价格涨幅偏离值累计达到20%，根据《上海证券交易所交易规则》的有关规定，属于股票交易价格异常波动的情形。

二、公司关注并核实的相关情况

（一）目前公司主营业务未发生重大变化，其中安保科技建设业务2018年营业收入占比为78.06％，电子信息业务2018年营业收入占比为14.60％，两者合计占比为92.66％。经向公司管理层核实，公司目前开展的各项经营管理活动正常有序，公司所处的市场经营环境及行业政策未发生重大调整，不存在影响公司股票交易价格异常波动的重大事项。

（二）经向公司实际控制人中国航天科工集团有限公司及控股股东中国航天科工防御技术研究院函证确认，公司实际控制人及控股股东确认不存在对公司股票交易价格可能产生重大影响的应披露而未披露的重大信息，包括但不限于筹划并购重组、股份发行、债务重组、业务重组、资产剥离和资产注入等重大事项。

（三）公司关注到有媒体将公司归类为呼吸机概念股，同时公司也发现相关平台出现投资者关于公司呼吸机产销情况夸大讨论与解读的情形。为避免对投资者构成误导，特对上述事项澄清说明如下：

1. 公司研制的重症呼吸机Athena 8500目前处于产品注册阶段，尚没有取得中国医疗器械产品注册证，目前尚未量产，在国内没有形成实际销售。

2. 公司目前自产在销的呼吸机型号主要为ACM812A急救转运呼吸机，该机型只具备基础呼吸支持功能，尚不能满足更复杂的危重症临床呼吸支持需求。

3. 公司目前自产在销的ACM812A呼吸机业务规模占公司整体业务比重较小。2019年，该机型销售数量为201台，销售金额约为325万元，占公司整体销售收入比重较小，对公司2019年度整体业绩影响极小。

三、相关风险提示

（一）公司预计2019年实现归属于上市公司股东的净利润与上年同期（调整后）相比，同比减少36.09％至52.80％；预计2019年实现归属于上市公司股东的净利润与上年同期（调整前）相比，同比减少14.33％到36.74％；预计2019年实现归属于上市公司股东的扣除非经常性损益的净利润与上年同期相比，同比减少118.45％到145.73％。

（二）根据Wind行业分类结果显示：截至2020年3月27日，公司所处"信息科技咨询与其他服务业"行业的中位数平均静态市盈率为51.28，中位数平均滚动市盈率为42.34；公司的静态市盈率为93.28，滚动市盈率为127.79。公司当前的静态市盈率、滚动市盈率均明显高于同行业的中位数平均水平。公司市盈率相对来说处于较高水平，请投资者注意投资风险，理性决策，谨慎投资。

四、董事会声明及相关方承诺

本公司董事会确认，除已披露的公开信息外，本公司没有任何根据《上海证券交易所股票上市规则》等有关规定应披露而未披露的事项或与该等事项有关的筹划和意向，董事会也未获悉根据《上海证券交易所股票上市规则》等有关规定应披露而未披露的、对本公司股票及其衍生品种交易价格可能产生较大影响的信息。

公司郑重提醒广大投资者：本公司所有信息均以在指定信息披露媒体上海证券交易所网站 www.sse.com.cn 和《上海证券报》刊登的正式公告为准。敬请广大投资者谨慎投资，注意风险。


但市场并不理会航天长峰的说法。

3月27日，航天长峰针对市场传言发布上述澄清公告后，其股价继续连续4个交易日大幅上涨，区间涨幅为35.36%。

## 第五板　2020.3.30 类似吊首线骗线

2020 年 3 月 30 日星期一航天长峰走势图，如图 6－11 所示：

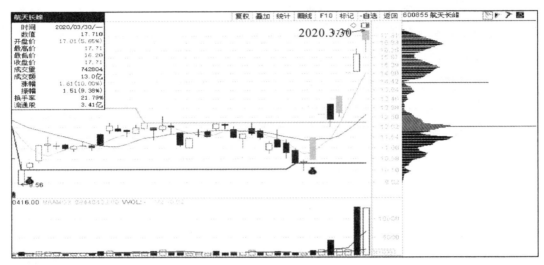

图 6－11

2020 年 3 月 30 日星期一航天长峰分时图，如图 6－12 所示：

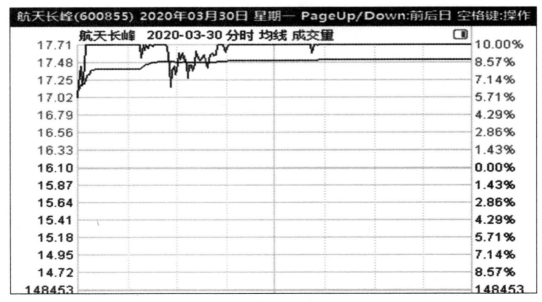

图 6－12

# 第八天　2020.3.31浪高线的分歧与对倒

2020年3月31日星期二盘前分析，如图6－13所示：

昨天（3月30日）市场涨停板数量35个，跌停板的数量43个，跌停板的数量超过了涨停板的数量，这是一个危险的信号；最高空间板也只有3个板，市场环境很不好。

昨天航天长峰收出不太标准的吊首线形态，今天如果在吊首线之下运行，则要获利了结；反之，如果在吊首线之上运行，可以持有待涨。目前虽然市场环境不好，但毕竟市场还在炒作呼吸机概念，虽然公司一再提示风险，但市场没有理会，股价的上涨很大程度上是操盘的主力说了算！

以上分析，仅供参考；买卖自定，盈亏自负！

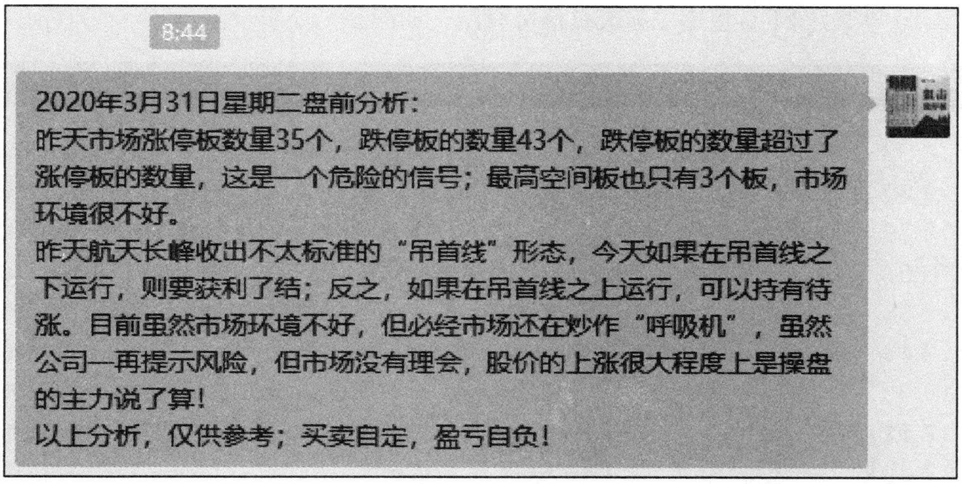

8:44

2020年3月31日星期二盘前分析：
昨天市场涨停板数量35个，跌停板的数量43个，跌停板的数量超过了涨停板的数量，这是一个危险的信号；最高空间板也只有3个板，市场环境很不好。
昨天航天长峰收出不太标准的"吊首线"形态，今天如果在吊首线之下运行，则要获利了结；反之，如果在吊首线之上运行，可以持有待涨。目前虽然市场环境不好，但必经市场还在炒作"呼吸机"，虽然公司一再提示风险，但市场没有理会，股价的上涨很大程度上是操盘的主力说了算！
以上分析，仅供参考；买卖自定，盈亏自负！

图6－13

2020 年 3 月 31 日星期二航天长峰走势图，如图 6－14 所示：

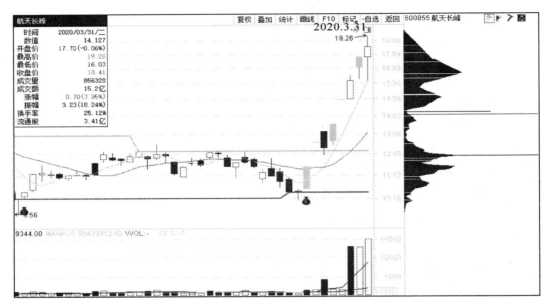

图 6－14

2020 年 3 月 31 日星期二航天长峰分时图，如图 6－15 所示：

图 6－15

2020 年 3 月 31 日航天长峰买入卖出金额，如表 6－3 所示：

表 6－3

【交易日期】2020-03-31 日振幅达15%
振幅:20.15% 成交量:8563.28万股 成交金额:151851.99万元

| 买入金额排名前5名营业部 | | |
| --- | --- | --- |
| 营业部名称 | 买入金额(万元) | 卖出金额(万元) |
| 西藏东方财富证券股份有限公司拉萨团结路第二证券营业部 | 1838.63 | - |
| 西藏东方财富证券股份有限公司拉萨东环路第二证券营业部 | 1822.35 | - |
| 华泰证券股份有限公司哈尔滨宣化街证券营业部 | 1559.19 | - |
| 申万宏源西部证券有限公司北京紫竹院路证券营业部 | 1378.77 | - |
| 海通证券股份有限公司南京广州路营业部 | 1036.75 | - |
| 卖出金额排名前5名营业部 | | |
| 营业部名称 | 买入金额(万元) | 卖出金额(万元) |
| 华泰证券股份有限公司上海静安区威海路证券营业部 | - | 2858.81 |
| 兴业证券股份有限公司福州湖东路证券营业部 | - | 1943.54 |
| 财通证券股份有限公司温岭中华路证券营业部 | - | 1521.29 |
| 西藏东方财富证券股份有限公司拉萨团结路第二证券营业部 | - | 1418.16 |
| 国泰君安证券股份有限公司临沂沂蒙路证券营业部 | - | 1237.07 |

据"金融界网站"资讯：

美国纽约州州长科莫 3 月 31 日在新闻发布会上表示，纽约州已经从中国订购了 1.7 万台呼吸机，每台 2.5 万美元。但该州预计只能得到 2500 台，因为加州、伊利诺伊州以及联邦政府都订购了同样的呼吸机。科莫还指责联邦应急管理署抢购呼吸机推高了价格。

难住"第一强国"的呼吸机，由于没有足够的呼吸机，美国各州不得不到呼吸机生产大国中国抢购，为了优先拿到足够的呼吸机，美国的州长们以高价竞拍呼吸机，据纽约州州长科莫透露，就连美国联邦政府也参与了竞价，由于出价较高，美国联邦政府直接把呼吸机的价格推到了 2.5 万美元一台。在纽约州州长科莫看来，这完全该美国联邦政府背锅，是联邦政府在哄抬价格。按理说，联邦政府早就应该采购呼吸机并统一分配到各州，各州与联邦政府竞价购买中国呼吸机的尴尬局面本可避免。

呼吸机作为一种医疗设备，的确有着一定的技术难度，但对美国这样的医疗器械出口大国而言，呼吸机的技术并不是什么秘密，难点在于如何在新冠肺炎期间保证零部件供应。由于经济脱实向虚，美国早年把大量工厂搬往亚洲，只在本土保留了军工厂及高利润行业的工厂，金融产业占美国经济的比重越来越大。虽然美国国内还有生产呼吸机的厂商，但也只是组装呼吸机而已，而组装呼吸机所需的大部分零部件来自中国，美国国内的厂商看不上生产呼吸机零部件的利润。在平时，这种生产模式并没有什么弊端，可在新冠肺炎疫情期间，各国纷纷限制人员、航班、货船的往来，加之中国目前基本战胜了疫情，为了供应各国暴增的需求，国内呼吸机厂商纷纷开足马力生产，几乎没有多少零部件可供出口。

中国是全球最大的呼吸机生产、出口国。根据天眼查数据显示，经营范围包含呼吸机的国内公司多达 250 余家，主要集中在广东省、江苏省、湖北省。

从线上渠道来看，2018 年淘宝及天猫平台全网销售市占率前四大品牌分别为鱼跃、飞利浦、瑞迈特和瑞思迈，合计占据淘宝平台 80.3% 的市场份额。其中鱼跃呼吸机 2018 年在天猫平台营业额达 1.09 亿元，市占率达 29.1%。

一些规模较大的公司目前呼吸机订单供不应求。比如迈瑞医疗，在国外疫情暴发后，公司陆续收到海外包括亚太、欧洲、中东等地区为应对疫情而产生的采购需求。目前意大利有集中且大量的订单需求，包括监护仪、呼吸机等设备。

鱼跃医疗，近年开发了弥散式制氧机、睡眠呼吸机、双水平呼吸机等大批新产品。2020 年 3 月披露，公司海外业务中呼吸机订单增多。

航天长峰，公司的医疗器械产品包括呼吸机，目前生产的呼吸机类型主要有急救转运型呼吸机、高流量湿化呼吸治疗仪、治疗型呼吸机等。

## 第六板　2020.4.1突破浪高线封板

2020年4月1日星期三盘前分析如下：

昨天（3月31日），涨停板达到60家、跌停板15家，反映出市场开始做多。

昨天，航天长峰收出了一根浪高线，浪高线次日股价的运行区间会取决去和留；紧盯盘面，只要主力大量卖出，就要跟随主力出局；反之，股价突破浪高线的收盘价18.41元，就是多方胜过空方的标志，就可以耐心持有待涨。如果突破浪高线的最高价19.26元，那就是绝对上涨的信号；必然要持有待涨……

目前一些规模较大的公司呼吸机订单供不应求，主力既然瞄准了航天长峰的呼吸机概念，对其的炒作不会很快结束……

以上分析如图6—16所示：

8:05

2020年4月1日星期三盘前分析：
昨天，涨停板达到60家，跌停板15家，反映出市场开始做多。
昨天，航天长峰收出了一根“浪高线”，浪高线次日股价的运行区间会取决去和留；紧盯盘面，只要主力大量卖出，就要跟随主力出局；反之，股价突破“浪高线”的收盘价18.41，就是多方胜过空方的标志，就可以耐心持有待涨；如果突破“浪高线”的最高价19.26，那就是绝对上涨的信号；必然要持有待涨......
目前一些规模较大的公司呼吸机订单供不应求，主力既然瞄准了航天长峰的呼吸机概念，对其的炒作不会很快结束......
以上分析，仅供参考；买卖自定，盈亏自负！

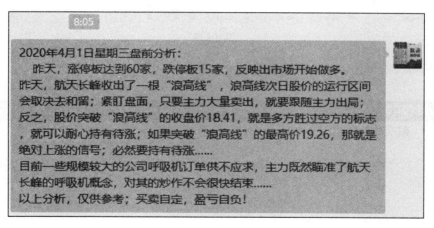

图6—16

2020年4月1日星期三分析数据如图6—17所示：

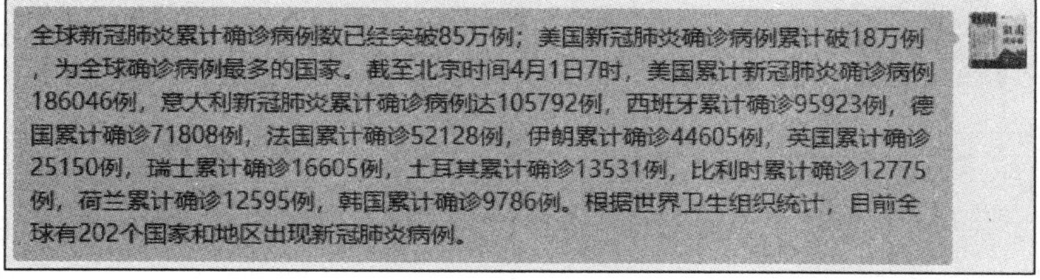

全球新冠肺炎累计确诊病例数已经突破85万例；美国新冠肺炎确诊病例累计破18万例，为全球确诊病例最多的国家。截至北京时间4月1日7时，美国累计新冠肺炎确诊病例186046例，意大利新冠肺炎累计确诊病例达105792例，西班牙累计确诊95923例，德国累计确诊71808例，法国累计确诊52128例，伊朗累计确诊44605例，英国累计确诊25150例，瑞士累计确诊16605例，土耳其累计确诊13531例，比利时累计确诊12775例，荷兰累计确诊12595例，韩国累计确诊9786例。根据世界卫生组织统计，目前全球有202个国家和地区出现新冠肺炎病例。

图6—17

2020 年 4 月 1 日星期三航天长峰走势图，如图 6－18 所示：

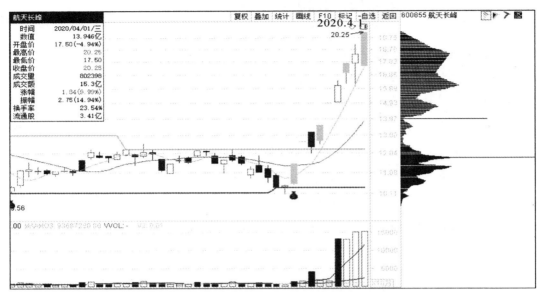

图 6－18

2020 年 4 月 1 日星期三航天长峰分时图，如图 6－19 所示：

图 6－19

2020 年 4 月 1 日航天长峰买入卖出金额，如表 6—4 所示：

表 6—4

【交易日期】2020-04-01 三日涨幅偏离值累计达20%
偏离值:25.31% 成交量:24015.29万股 成交金额:434575.91万元

| 买入金额排名前5名营业部 | | |
|---|---|---|
| 营业部名称 | 买入金额(万元) | 卖出金额(万元) |
| 华泰证券股份有限公司上海静安区威海路证券营业部 | 4767.37 | - |
| 西藏东方财富证券股份有限公司拉萨团结路第二证券营业部 | 4487.48 | - |
| 西藏东方财富证券股份有限公司拉萨东环路第二证券营业部 | 3977.29 | - |
| 兴业证券股份有限公司福州湖东路证券营业部 | 3176.00 | - |
| 中泰证券股份有限公司深圳分公司 | 3062.03 | - |
| 卖出金额排名前5名营业部 | | |
| 营业部名称 | 买入金额(万元) | 卖出金额(万元) |
| 机构专用 | - | 5488.81 |
| 西藏东方财富证券股份有限公司拉萨团结路第二证券营业部 | - | 4003.63 |
| 西藏东方财富证券股份有限公司拉萨东环路第二证券营业部 | - | 3846.16 |
| 华泰证券股份有限公司上海静安区威海路证券营业部 | - | 2862.98 |
| 中国银河证券股份有限公司宁波宁穿路证券营业部 | - | 2718.19 |

2020 年 4 月 1 日 19:53，航天长峰发布股票交易异常波动公告称，公司关注到有媒体将公司归类为呼吸机概念股，同时公司也发现相关平台出现投资者关于公司呼吸机产销情况夸大讨论与解读的情形。为避免对投资者构成误导，特对上述事项澄清说明如下：1. 公司研制的重症呼吸机 Athena 8500 目前处于产品注册阶段，尚没有取得中国医疗器械产品注册证，目前尚未量产，在国内没有形成实际销售。2. 公司目前自产在销的呼吸机型号主要为 ACM812A 急救转运呼吸机，该机型只具备基础呼吸支持功能，尚不能满足更复杂的危重症临床呼吸支持需求。3. 公司目前自产在销的

ACM812A 呼吸机业务规模占公司整体业务比重较小。

公告原文如下：

2020—04—01　19:53 航天长峰（600855）：关于股票交易异常波动公告

风险提示：

公司股票交易于 2020 年 3 月 30 日、3 月 31 日、4 月 1 日连续三个交易日内日收盘价格涨幅偏离值累计达到 20%，根据《上海证券交易所交易规则》的有关规定，属于股票交易价格异常波动的情形。

目前公司主营业务未发生重大变化，其中安保科技建设业务 2018 年营业收入占比为 78.06%，电子信息业务 2018 年营业收入占比为 14.60%，两者合计占比为 92.66%。

根据 Wind 行业分类结果显示：截至 2020 年 3 月 31 日，公司所处"信息科技咨询与其他服务业"行业的中位数平均静态市盈率为 48.07，中位数平均滚动市盈率为 39.53；公司的静态市盈率为 106.66，滚动市盈率为 146.13。公司当前的静态市盈率、滚动市盈率均明显高于同行业的中位数平均水平。公司市盈率相对来说处于较高水平，请投资者注意投资风险，理性决策，谨慎投资。

公司研制的重症呼吸机 Athena 8500 目前处于产品注册阶段，尚没有取得中国医疗器械产品注册证，目前尚未量产，在国内没有形成实际销售。

公司目前自产在销的呼吸机型号主要为 ACM812A 急救转运呼吸机，该机型只具备基础呼吸支持功能，尚不能满足更复杂的危重症临床呼吸支持需求。

公司目前自产在销的 ACM812A 呼吸机业务规模占公司整体业务比重较小。2019年，该机型销售数量为 201 台，销售金额约为 325 万元，占公司整体销售收入比重较小，对公司 2019 年度整体业绩影响极小。

# 第七板　2020.4.2平开震荡再封板

2020年4月2日星期四航天长峰走势图，如图6－20所示：

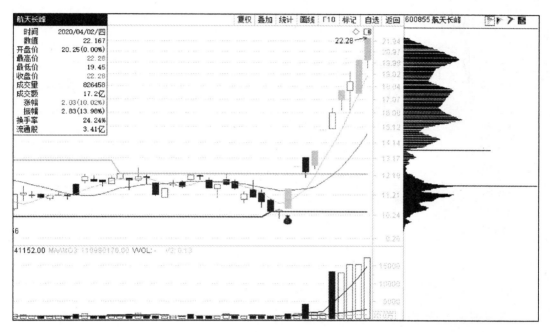

图6－20

2020 年 4 月 2 日星期四航天长峰分时图，如图 6—21 所示：

图 6—21

2020—04—02　20:44 航天长峰（600855）：风险提示公告

北京航天长峰股份有限公司股票自 3 月 20 日至 4 月 2 日 10 个交易日内有 7 个交易日涨停，期间涨幅为 113％。鉴于近期公司股票价格涨幅较大，现就相关风险提示如下：

1. 公司研制的重症呼吸机 Athena 8500 目前处于产品注册阶段，尚没有取得中国医疗器械产品注册证，不具备国内、外销售资质。目前，Athena 8500 机型的生产装配工艺流程尚处于研究试制阶段，尚无法实现量产。该机型核心装配零部件需要进行外部采购，受呼吸机产业链上游制约，呼吸机核心部件的供应存在不确定性。

2. 公司目前自产在销的呼吸机型号主要为 ACM812A 急救转运呼吸机，该机型只具备基础呼吸支持功能，尚不能满足更复杂的危重症临床呼吸支持需求。

3. 公司目前自产在销的 ACM812A 呼吸机业务规模占公司整体业务比重较小。2019 年，该机型销售数量为 201 台，销售金额约为 325 万元，占公司整体销售收入比重较小，对公司 2019 年度整体业绩影响极小。

4. 目前公司主营业务未发生重大变化，其中安保科技建设业务 2018 年营业收入占比为 78.06%，电子信息业务 2018 年营业收入占比为 14.60%，两者合计占比为 92.66%。

5. 公司预计 2019 年实现归属于上市公司股东的净利润与上年同期（调整后）相比，同比减少 36.09% 至 52.80%；预计 2019 年实现归属于上市公司股东的净利润与上年同期（调整前）相比，同比减少 14.33% 到 36.74%；预计 2019 年实现归属于上市公司股东的扣除非经常性损益的净利润与上年同期相比，同比减少 118.45% 到 145.73%。

6. 根据 Wind 行业分类结果显示：截至 2020 年 4 月 2 日，公司所处"信息科技咨询与其他服务业"行业的中位数平均静态市盈率为 49.20，中位数平均滚动市盈率为 42.83；公司的静态市盈率为 129.08，滚动市盈率为 176.84。公司当前的静态市盈率、滚动市盈率均明显高于同行业的中位数平均水平。公司市盈率相对来说处于较高水平，请投资者注意投资风险，理性决策，谨慎投资。

公司郑重提醒广大投资者：本公司所有信息均以在指定信息披露媒体上海证券交易所网站 www.sse.com.cn 和《上海证券报》刊登的正式公告为准。敬请广大投资者谨慎投资，注意风险。

# 第八板 2020.4.3 跳空高开 7 分钟封死涨停板

2020 年 4 月 3 日星期五航天长峰走势图，如图 6－22 所示：

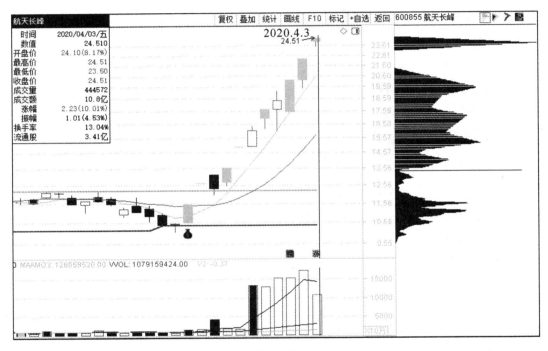

图 6－22

2020年4月3日星期五航天长峰数据图，如图6－23所示：

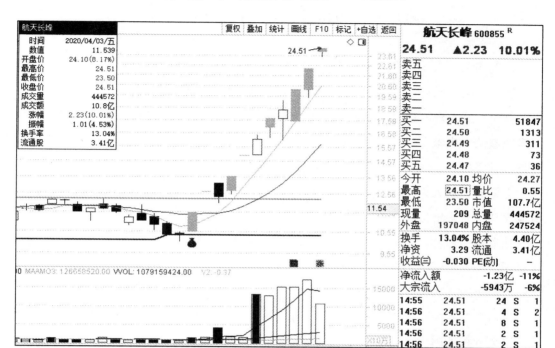

图6－23

2020年4月3日星期五航天长峰分时图，如图6－24所示：

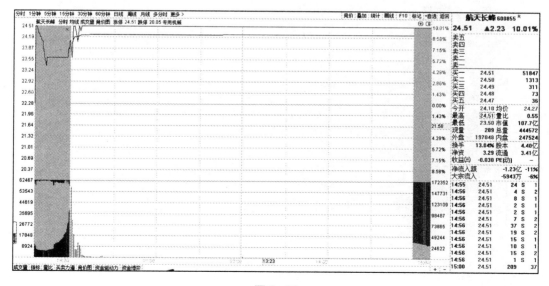

图6－24

# 第九板 2020.4.7 跳空高开高走秒板

2020 年 4 月 7 日星期二盘前分析如下：

隔夜，美股大涨，利好 A 股！A 股已经触底反弹，有望上涨。

截至 4 月 6 日，意大利新冠肺炎死亡病例 13341，很大程度上是缺少呼吸机，导致许多能救的人也救不了。目前美国正处在与意大利类似的缺少呼吸机状况，许多州还在抢购呼吸机。

上周五，航天长峰再次跳空高开高走，走出了一个上跳三空形态，标志着其呼吸机概念热点龙头地位毫不动摇。

从形态上来看，上升三空之后或许还会继续跳空上涨，但离顶部已经不远了。在这里还需要保持谨慎，并随时留意顶部 K 线形态的出现；一旦出现顶部的经典 K 线形态，就是主力开始出货之时。

可以继续关注呼吸机、口罩防护、新能源车、智慧城市、华为、5G 等概念股。

以上分析如图 6—25 所示：

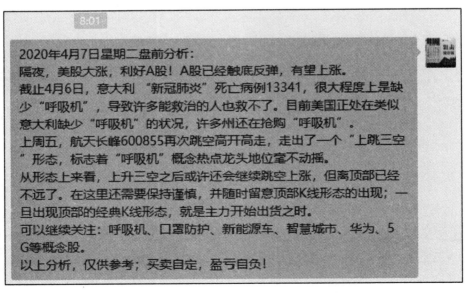

图 6—25

2020 年 2 月 7 日星期二航天长峰开盘数据，如图 6—26 所示：

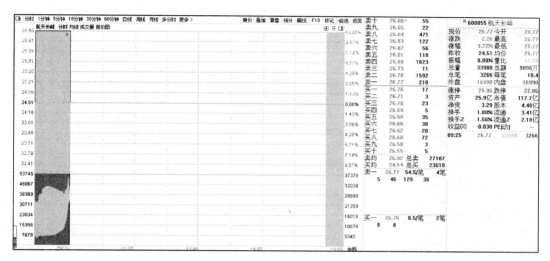

图 6—26

2020 年 2 月 7 日星期二航天长峰上午开盘 2 分钟封板，如图 6—27 所示：

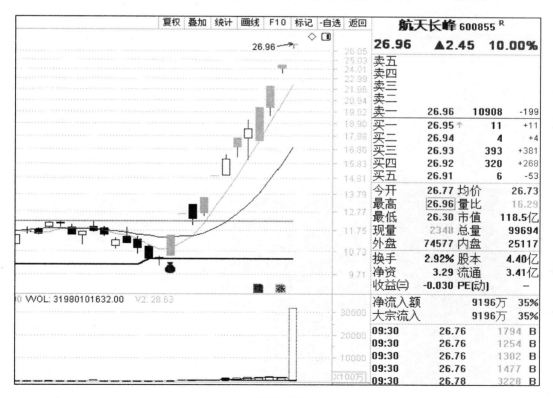

图 6—27

2020 年 2 月 7 日星期二获利盘 100%，如图 6-28 所示：

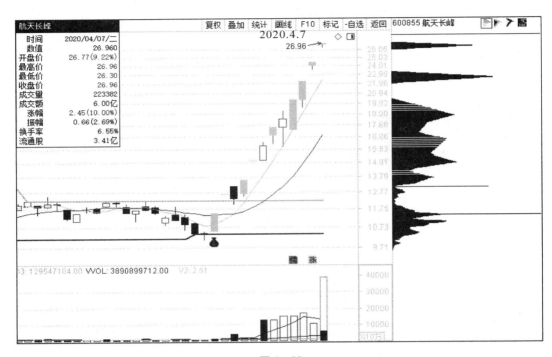

图 6-28

2020 年 2 月 7 日星期二 9:44 盘中点评"妖气十足，9 个涨停板了"，如图 6-29 所示：

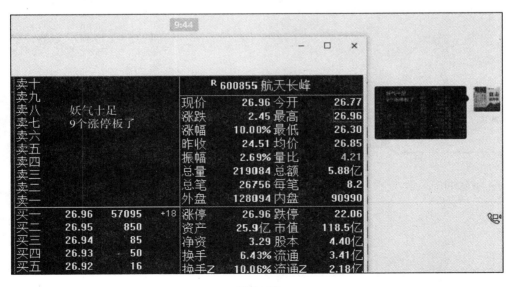

图 6-29

---

---

---

2020 年 2 月 7 日星期二，航天长峰 3 月 20 日到 4 月 7 日，12 个交易日区间涨幅 157.74%，如图 6－30 所示：

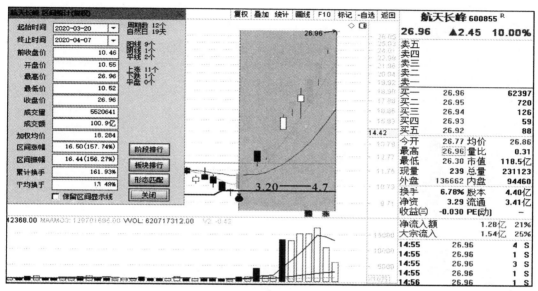

图 6－30

2020 年 2 月 7 日星期二航天长峰收盘分时图，如图 6－31 所示：

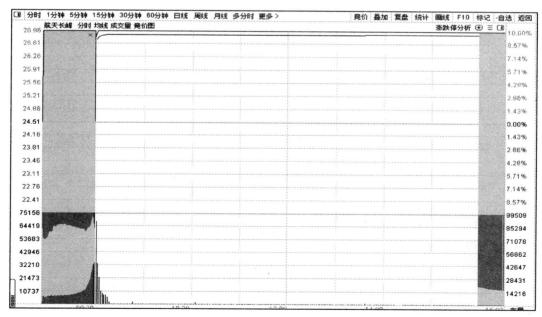

图 6－31

从表6－5中看到，知名大游资在买进；机构在卖出、西藏游资在卖出。

表 6－5

【交易日期】2020-04-07 三日涨幅偏离值累计达20%
偏离值:26.89% 成交量:15021.54万股 成交金额:342424.30万元

| 买入金额排名前5名营业部 | | |
|---|---|---|
| 营业部名称 | 买入金额(万元) | 卖出金额(万元) |
| 中信证券股份有限公司保定东风中路证券营业部 | 5711.11 | - |
| 东兴证券股份有限公司晋江和平路证券营业部 | 3866.63 | - |
| 华泰证券股份有限公司上海静安区威海路证券营业部 | 3791.82 | - |
| 华泰证券股份有限公司天津东丽开发区二纬路证券营业部 | 3711.44 | - |
| 国盛证券有限责任公司宁波桑田路证券营业部 | 3417.30 | - |
| 卖出金额排名前5名营业部 | | |
| 营业部名称 | 买入金额(万元) | 卖出金额(万元) |
| 机构专用 | - | 4429.05 |
| 西藏东方财富证券股份有限公司拉萨东环路第二证券营业部 | - | 2937.31 |
| 西藏东方财富证券股份有限公司拉萨团结路第二证券营业部 | - | 2815.71 |
| 兴业证券股份有限公司福州湖东路证券营业部 | - | 2461.26 |
| 海通证券股份有限公司蚌埠中荣街证券营业部 | - | 2349.98 |

## 第十板 2020.4.8 不吉利的第13天封第十板后收怀抱线

2020年4月8日星期三盘前分析如下：

今天零时起武汉解封（2月23日封城——4月8日解封，76天），标志着中国抗疫前半场的胜利，可喜可贺。

昨天，呼吸机概念龙头航天长峰拉出9个涨停板，12个交易日股价飙升157.74%，形态很棒。今天是连涨第13天，提高警惕！在里面的一方面可以与龙共舞，主力不出局就继续持有；另一方面盯紧盘面，一旦主力出局，第一时间跟随主力出局。主力顶部出局的K线形态可以参考我前期点评过600513联环药业的浪高线，以及600789鲁抗医药、000518四环生物、300160秀强股份等几只股票的大阴线，以及002838道恩股份的十字星等经典形态。好自为之，勿谓言之不预也。

昨天，沪深两市149个涨停板，跌停板3个；区块链、云计算、华为概念异军突起，可以关注。

以上分析如图6－32所示：

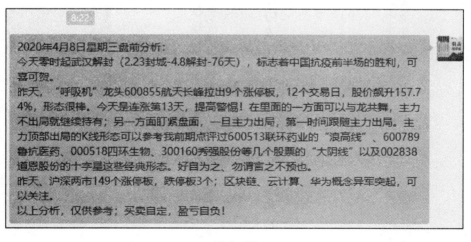

图6－32

2020 年 4 月 8 日星期三航天长峰开盘数据截图，如图 6－33 所示：

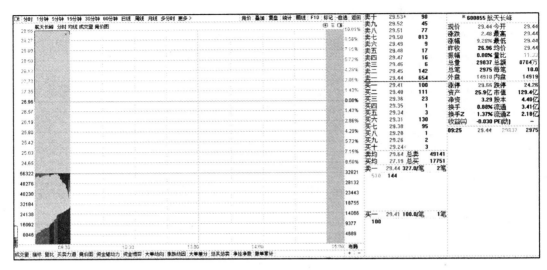

图 6－33

2020 年 4 月 8 日星期三航天长峰开盘数据，如图 6－34 所示：

| 选 | 返回 | 卖十 | 29.53± | 98 | ᴿ 600855 航天长峰 | | |
|---|---|---|---|---|---|---|---|
| | | 卖九 | 29.52 | 45 | | | |
| 10.01% | | 卖八 | 29.51 | 77 | 现价 | 29.44 今开 | 29.44 |
| 8.58% | | 卖七 | 29.50 | 813 | 涨跌 | 2.48 最高 | 29.44 |
| | | 卖六 | 29.49 | 9 | 涨幅 | 9.20% 最低 | 29.44 |
| 7.15% | | 卖五 | 29.48 | 17 | 昨收 | 26.96 均价 | 29.44 |
| 5.72% | | 卖四 | 29.47 | 16 | 振幅 | 0.00% 量比 | 11.33 |
| | | 卖三 | 29.46 | 6 | 总量 | 29837 总额 | 8784万 |
| 4.29% | | 卖二 | 29.45 | 142 | 总笔 | 2975 每笔 | 10.0 |
| 2.86% | | 卖一 | 29.44 | 654 | 外盘 | 14918 内盘 | 14919 |
| | | 买一 | 29.41 | 100 | 涨停 | 29.66 跌停 | 24.26 |
| 1.43% | | 买二 | 29.40 | 111 | 资产 | 25.9亿 市值 | 129.4亿 |
| 0.00% | | 买三 | 29.36 | 23 | 净资 | 3.29 股本 | 4.40亿 |
| | | 买四 | 29.35 | 1 | 换手 | 0.88% 流通 | 3.41亿 |
| 1.43% | | 买五 | 29.34 | 3 | 换手Z | 1.37% 流通Z | 2.18亿 |
| 2.86% | | 买六 | 29.31 | 130 | 收益(三) | -0.030 PE(动) | — |
| | | 买七 | 29.30 | 95 | | | |
| 4.29% | | 买八 | 29.28 | 1 | 09:25 | 29.44 29837 | 2975 |
| | | 买九 | 29.26 | 2 | | | |
| 5.72% | | 买十 | 29.24± | 3 | | | |
| 7.15% | | 卖均 | 29.64 总卖 | 49141 | | | |
| 8.58% | | 买均 | 27.19 总买 | 17751 | | | |

图 6－34

2020年4月8日星期三航天长峰开盘交易数据，如图6—35所示：

| | | | | | | | |
|---|---|---|---|---|---|---|---|
| 卖十 | 29.48 ▴ | 54 | | | ℝ 600855 航天长峰 | | |
| 卖九 | 29.47 | 14 | +11 | 现价 | 29.30 | 今开 | 29.44 |
| 卖八 | 29.46 | 86 | +4 | 涨跌 | 2.34 | 最高 | 29.44 |
| 卖七 | 29.45 | 159 | -8 | 涨幅 | 8.68% | 最低 | 28.52 |
| 卖六 | 29.44 | 3132 | +365 | 昨收 | 26.96 | 均价 | 29.34 |
| 卖五 | 29.43 | 880 | +94 | 振幅 | 3.41% | 量比 | 24.68 |
| 卖四 | 29.42 | 576 | +302 | 总量 | 64995 | 总额 | 1.91亿 |
| 卖三 | 29.41 | 10924 | +1508 | 总笔 | 7937 | 每笔 | 8.2 |
| 卖二 | 29.40 | 264 | -716 | 外盘 | 49563 | 内盘 | 15432 |
| 卖一 | 29.30 | 10 | +10 | | | | |
| 买一 | 28.95 ↓ | 750 | -150 | 涨停 | 29.66 | 跌停 | 24.26 |
| 买二 | 28.91 | 2 | | 资产 | 25.9亿 | 市值 | 128.8亿 |
| 买三 | 28.90 | 43 | | 净资 | 3.29 | 股本 | 4.40亿 |
| 买四 | 28.89 | 10 | +9 | 换手 | 1.91% | 流通 | 3.41亿 |
| 买五 | 28.88 | 443 | +443 | 换手Z | 2.98% | 流通Z | 2.18亿 |
| 买六 | 28.87 | 1 | +1 | 收益(三) | -0.030 | PE[动] | — |
| 买七 | 28.86 | 12 | +12 | 09:25 | 29.44 | 29837 | 2975 |
| 买八 | 28.85 | 1405 | +1405 | 09:30 | 29.30 | 513 | S 28 |
| 买九 | 28.84 | 4 | +4 | 09:30 | 29.33 | 12160 | B1631 |
| 买十 | 28.83 ↓ | 10 | +10 | 09:30 | 29.24 | 16158 | B2021 |
| 卖均 ↓ | 29.58 | 总卖 ↑ | 57823 | 09:30 | 29.30 | 6327 | B1282 |
| 买均 ↓ | 27.08 | 总买 ↑ | 24569 | | | | |
| 卖一 | 29.30 | 5.0/笔 | 2笔 | | | | |
| | 3 | 7 | | | | | |

图6—35

2020 年 4 月 8 日星期三航天长峰上午开盘 2 分钟即将封板，如图 6－36 所示：

| | | | | R 600855 航天长峰 | | |
|---|---|---|---|---|---|---|
| 卖十 | | | | 现价 | 29.64 今开 | 29.44 |
| 卖九 | | | | 涨跌 | 2.68 最高 | 29.64 |
| 卖八 | | | | 涨幅 | 9.94% 最低 | 28.52 |
| 卖七 | | | | 昨收 | 26.96 均价 | 29.34 |
| 卖六 | | | | 振幅 | 4.15% 量比 | 14.29 |
| 卖五 | | | | 总量 | 112934 总额 | 3.31亿 |
| 卖四 | 29.66 ▪ | 23046 | +268 | 总笔 | 14760 每笔 | 7.7 |
| 卖三 | 29.65 | 7669 | +1 | 外盘 | 83607 内盘 | 29327 |
| 卖二 | 29.64 | 1696 | -504 | | | |
| 卖一 | 29.63 | 20 | +20 | 涨停 | 29.66 跌停 | 24.26 |
| 买一 | 29.62 ↓ | 723 | +593 | 资产 | 25.9亿 市值 | 130.3亿 |
| 买二 | 29.61 | 459 | +187 | 净资 | 3.29 股本 | 4.40亿 |
| 买三 | 29.60 | 1417 | +185 | 换手 | 3.31% 流通 | 3.41亿 |
| 买四 | 29.59 | 942 | -10 | 换手Z | 5.19% 流通Z | 2.18亿 |
| 买五 | 29.58 | 488 | +5 | 收益(三) | -0.030 PE(动) | — |
| 买六 | 29.57 | 17 | -7 | 净流入额 ▬▬▬ | 4579万 | 14% |
| 买七 | 29.56 | 103 | -1 | 大宗流入 ▬▬ | 3303万 | 10% |
| 买八 | 29.55 | 1877 | +53 | 09:31 | 29.41 2894 | B 183 |
| 买九 | 29.54 | 59 | +1 | 09:31 | 29.40 3996 | S 353 |
| 买十 | 29.53 ▾ | 80 | +80 | 09:31 | 29.43 2652 | B 370 |
| 卖均↑ | 29.66 | 总卖↓ | 32432 | 09:31 | 29.44 668 | B 107 |
| 买均↑ | 28.07 | 总买↑ | 44079 | 09:31 | 29.44 1373 | B 191 |
| 卖一 | 29.63 | 20.0/笔 | 1笔 | 09:31 | 29.45 1277 | B 281 |
| | 20 | | | 09:31 | 29.48 644 | B 94 |
| | | | | 09:31 | 29.50 586 | B 104 |
| | | | | 09:31 | 29.50 1393 | B 95 |
| | | | | 09:31 | 29.55 716 | B 116 |
| 买一 | 29.62 | 9.8/笔 | 74笔 | 09:31 | 29.55 840 | S 133 |
| | 21 | 2 7 1 | 1 | 09:31 | 29.58 **474** | B 96 |
| | 5 | 2 5 1 | 2 | 09:31 | 29.58 1545 | S 157 |
| | 1 | 3 3 4 | 1 | 09:31 | 29.64 1038 | B 84 |
| | 2 | 7 4 1 | 2 | 09:31 | 29.64 514 | B 89 |
| | 17 | 3 59 3 | 1 | 09:31 | 29.64 1019 | B 146 |
| | 1 | 3 2 1 | 30 | | | |

图 6－36

2020 年 4 月 8 日星期三航天长峰开盘 2 分钟数据截图，如图 6—37 所示：

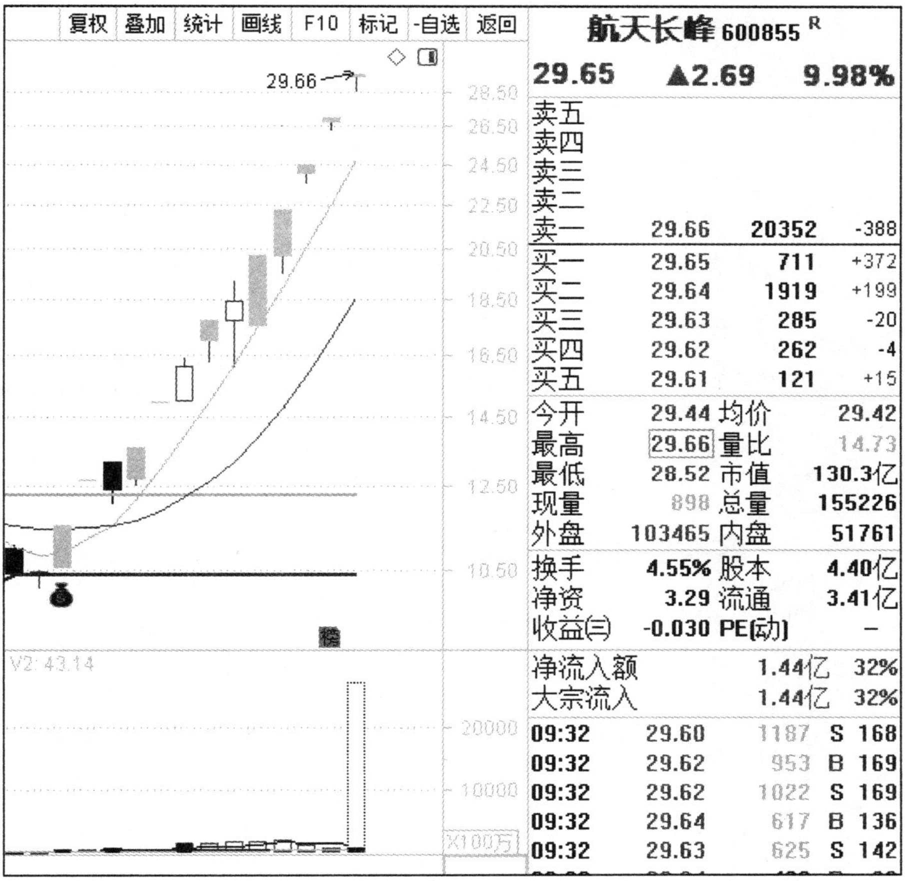


图 6—37

2020 年 4 月 8 日星期三航天长峰开盘 6 分钟时数据截图，如图 6－38 所示：

| 卖十 | | | | | R 600855 航天长峰 | | |
|---|---|---|---|---|---|---|---|
| 卖九 | | | | | | | |
| 卖八 | | | | 现价 | 29.66 | 今开 | 29.44 |
| 卖七 | | | | 涨跌 | 2.70 | 最高 | 29.66 |
| 卖六 | | | | 涨幅 | 10.01% | 最低 | 28.52 |
| 卖五 | | | | 昨收 | 26.96 | 均价 | 29.48 |
| 卖四 | | | | 振幅 | 4.23% | 量比 | 11.55 |
| 卖三 | | | | 总量 | 212962 | 总额 | 6.28亿 |
| 卖二 | | | | 总笔 | 27961 | 每笔 | 7.6 |
| 卖一 | | | | 外盘 | 152687 | 内盘 | 60275 |
| 买一 | 29.66 ↑ | 879 | +879 | 涨停 | 29.66 | 跌停 | 24.26 |
| 买二 | 29.65 | 739 | +32 | 资产 | 25.9亿 | 市值 | 130.4亿 |
| 买三 | 29.64 | 456 | -6 | 净资 | 3.29 | 股本 | 4.40亿 |
| 买四 | 29.63 | 498 | -100 | 换手 | 6.25% | 流通 | 3.41亿 |
| 买五 | 29.62 | 720 | | 换手Z | 9.78% | 流通Z | 2.18亿 |
| 买六 | 29.61 | 153 | | 收益(三) | -0.030 | PE(动) | — |
| 买七 | 29.60 | 578 | -1 | 净流入额 | | 1.60亿 | 25% |
| 买八 | 29.59 | 63 | -20 | 大宗流入 | | 1.19亿 | 19% |
| 买九 | 29.58 | 182 | | 09:35 | 29.66 | 129 B | 44 |
| 买十 | 29.57 ↑ | 17 | | 09:35 | 29.66 | 711 B | 45 |

| | | | | 09:35 | 29.66 | 269 | B | 53 |
|---|---|---|---|---|---|---|---|---|
| 卖均 | | 总卖 | | 09:35 | 29.66 | 806 | B | 47 |
| 买均 ↑ | 27.81 | 总买 ↑ | 33798 | 09:35 | 29.66 | 1272 | B | 115 |
| 卖一 | | | | 09:35 | 29.65 | 323 | S | 69 |
| | | | | 09:35 | 29.65 | 468 | S | 68 |
| | | | | 09:35 | 29.66 | 803 | B | 135 |
| | | | | 09:35 | 29.66 | 459 | B | 66 |
| | | | | 09:35 | 29.65 | 825 | S | 87 |
| | | | | 09:35 | 29.66 | 328 | B | 85 |
| 买一 | 29.66 | 27.5/笔 | 32笔 | 09:36 | 29.66 | 548 | B | 123 |
| 21 | 1 | 2 | 2 3 | 09:36 | 29.66 | 704 | B | 107 |
| 3 | 3 | 2 | 16 5 | 09:36 | 29.66 | 576 | B | 94 |
| 66 | 33 | 8 | 20 6 | 09:36 | 29.65 | 1161 | S | 191 |
| 1 | 1 | 4 | 20 1 | 09:36 | 29.66 | 490 | B | 129 |
| 1 | 31 | 1 | 1 7 | | | | | |
| 600 | 2 | 4 | 1 1 | | | | | |

图 6－38

2020年4月8日星期三航天长峰开盘9分钟时开板数据截图，如图6-39所示：

| | | | | | | |
|---|---|---|---|---|---|---|
| 卖十 | 29.49± | 13 | +13 | R 600855 航天长峰 | | |
| 卖九 | 29.48 | 103 | +69 | 现价 | 29.40 今开 | 29.44 |
| 卖八 | 29.47 | 61 | +46 | 涨跌 | 2.44 最高 | 29.66 |
| 卖七 | 29.46 | 134 | +103 | 涨幅 | 9.05% 最低 | 28.52 |
| 卖六 | 29.45 | 128 | +127 | 昨收 | 26.96 均价 | 29.50 |
| 卖五 | 29.44 | 259 | +193 | 振幅 | 4.23% 量比 | 9.24 |
| 卖四 | 29.43 | 190 | +190 | 总量 | 243462 总额 | 7.18亿 |
| 卖三 | 29.42 | 58 | +58 | 总笔 | 31101 每笔 | 7.8 |
| 卖二 | 29.41 | 4 | +4 | 外盘 | 152687 内盘 | 90775 |
| 卖一 | 29.40↓ | 37 | +37 | | | |
| 买一 | 29.30↓ | 72 | +72 | 涨停 | 29.66 跌停 | 24.26 |
| 买二 | 29.29 | 31 | +31 | 资产 | 25.9亿 市值 | 129.2亿 |
| 买三 | 29.28 | 232 | +232 | 净资 | 3.29 股本 | 4.40亿 |
| 买四 | 29.27 | 1 | +1 | 换手 | 7.14% 流通 | 3.41亿 |
| 买五 | 29.26 | 4 | +4 | 换手Z | 11.18% 流通Z | 2.18亿 |
| 买六 | 29.25 | 14 | +14 | 收益(三) | -0.030 PE(动) | — |
| 买七 | 29.24 | 87 | +87 | | | |
| 买八 | 29.23 | 15 | +15 | 净流入额 | 9723万 | 14% |
| 买九 | 29.22 | 93 | +93 | 大宗流入 | 6243万 | 9% |
| 买十 | 29.21 | 35 | +35 | 09:39 | 29.66 | 6154 S 370 |
| 卖均↓ | 29.59 总卖↑ | 4855 | | 09:39 | 29.66 | 7718 S 601 |
| 买均↓ | 27.25 总买↓ | 24641 | | 09:39 | 29.66 | 3781 S 484 |
| 卖一 | 29.40 18.5/笔 | 2笔 | | 09:39 | 29.62 | 988 S 100 |
| | 7 30 | | | 09:39 | 29.62 | 249 S 19 |
| | | | | 09:39 | 29.62 | 208 S 58 |
| | | | | 09:39 | 29.60 | 435 S 95 |
| | | | | 09:39 | 29.59 | 295 S 71 |
| | | | | 09:39 | 29.58 | 257 S 75 |
| | | | | 09:39 | 29.56 | 334 S 67 |
| 买一 | 29.30 5.5/笔 | 13笔 | | 09:39 | 29.52 | 479 S 101 |
| 28 | 1 2 2 | 3 | | 09:39 | 29.49 | 503 S 110 |
| 2 | 10 2 3 | 10 | | 09:39 | 29.49 | 357 S 74 |
| 1 | 4 4 | | | 09:39 | 29.46 | 409 S 125 |
| | | | | 09:39 | 29.44 | 1408 S 186 |
| | | | | 09:39 | 29.40 | 1941 S 220 |

图6-39

2020 年 4 月 8 日星期三航天长峰开盘 9 分钟时开板分时图，如图 6－40 所示：

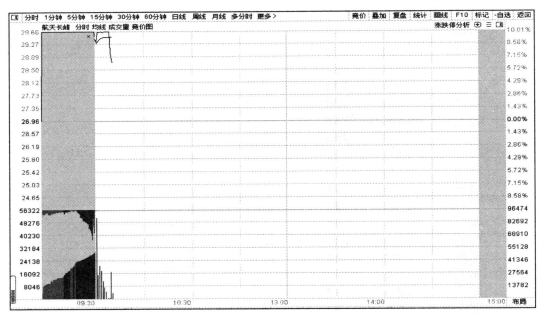

图 6－40

2020 年 4 月 8 日星期三航天长峰开盘 10 分钟时走势图，如图 6－41 所示：

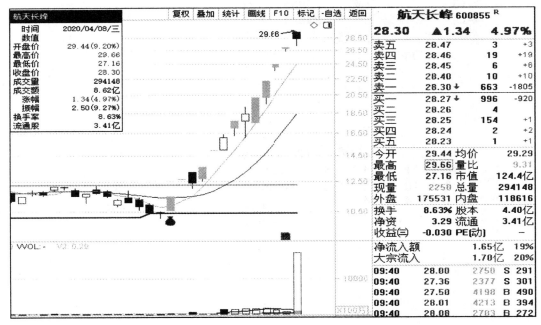

图 6－41

2020年4月8日星期三航天长峰开盘20分钟时截图，如图6-42所示：

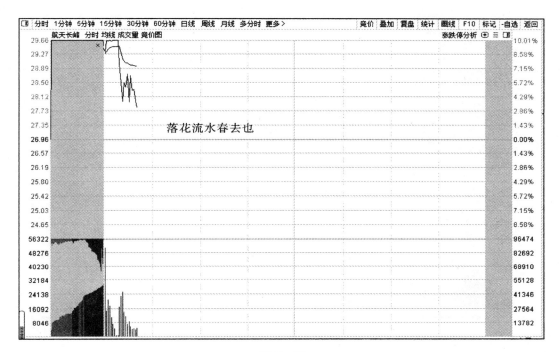

**图6-42**

2020年4月8日星期三航天长峰开盘21分钟时跌到昨天收盘价附近，如图6-43所示：

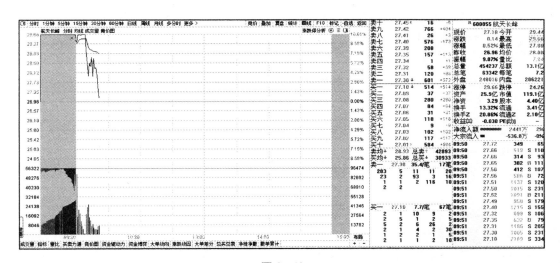

**图6-43**

2020 年 4 月 8 日星期三上午对航天长峰盘中的分析，如图 6－44 所示：

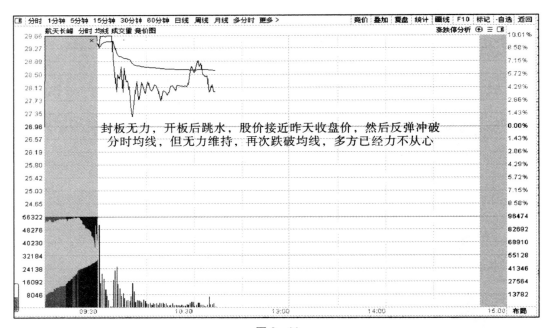

图 6－44

2020 年 4 月 8 日星期三上午对航天长峰收盘时分析，如图 6－45 所示：

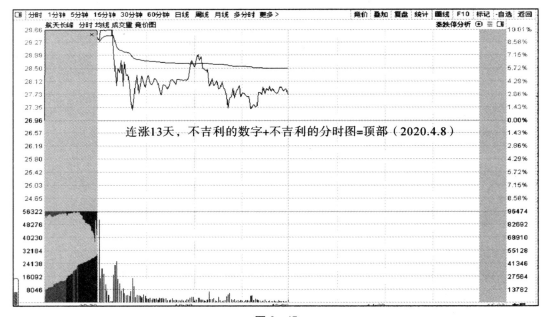

图 6－45

2020 年 4 月 8 日星期三上午对航天长峰收盘时的分析（如图 6－45）同时发布在
"云掌财经"（链接：http：// m. 123. com. cn/share/course/216. html），如图 6－46
所示：

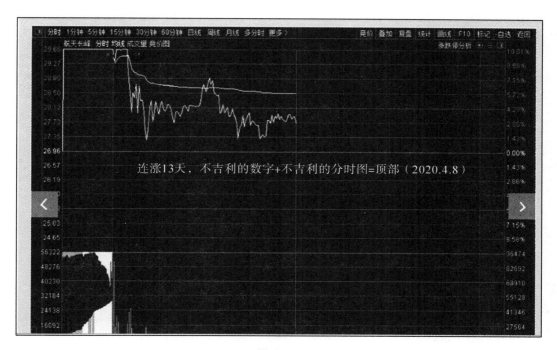

图 6－46

2020 年 4 月 8 日星期三上午航天长峰收盘时的走势图，如图 6—47 所示：

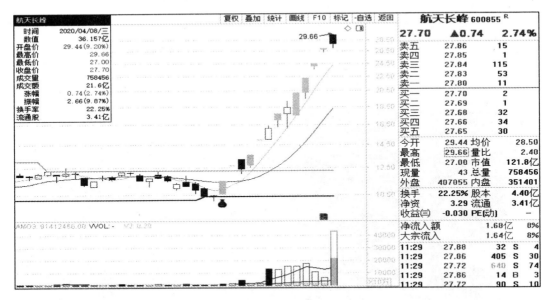

图 6—47

2020 年 4 月 8 日星期三 13:20 时航天长峰的分时图数据截图，如图 6—48 所示：

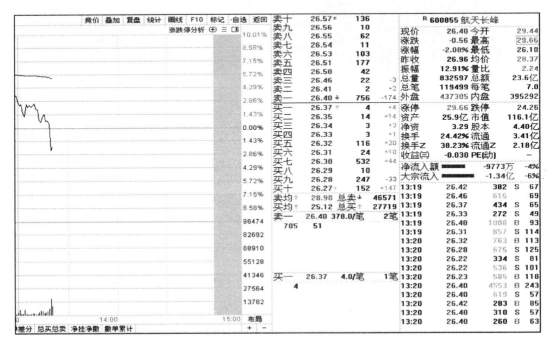

图 6—48

2020 年 4 月 8 日星期三 13:25 航天长峰的分时图数据截图，如图 6-49 所示：

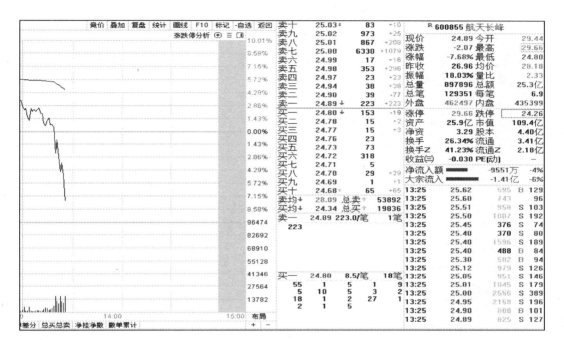

图 6-49

2020 年 4 月 8 日星期三 13:27—13:28 航天长峰的走势图截图，如图 6-50 所示：

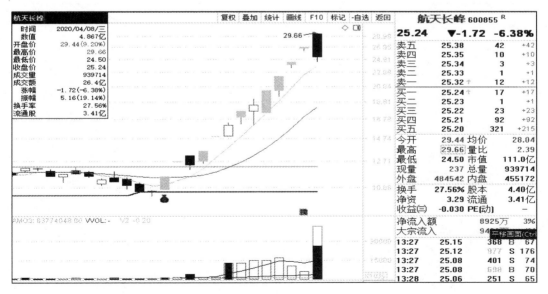

图 6-50

2020 年 4 月 8 日星期三 14:24 航天长峰的分时图截图，如图 6-51 所示：

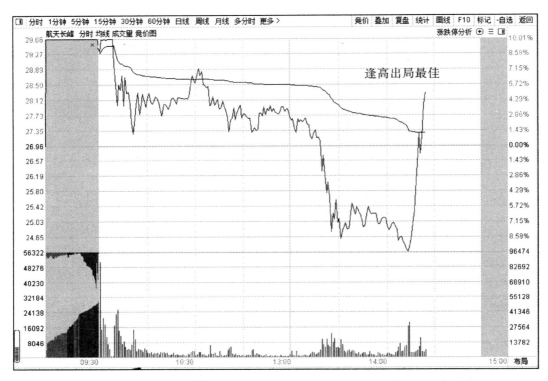

图 6-51

2020年4月8日星期三14:24航天长峰的分时图同时发布在"云掌财经"（链接：http://m.123.com.cn/share/course/216.html），如图6-52所示：

图 6-52

2020年4月8日星期三下午航天长峰收盘时分时图的点评，如图6-53所示：

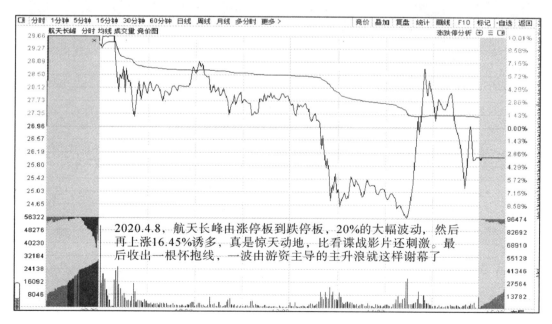

图 6-53

2020 年 4 月 8 日星期三下午航天长峰收盘分时图的点评也发布在"云掌财经"（链接：http://m.123.com.cn/share/course/216.html），如图 6—54 所示：

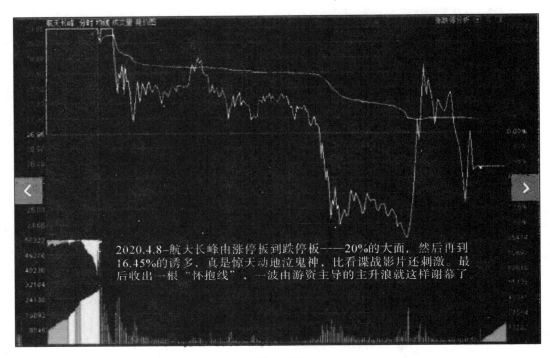

图 6—54

2020 年 4 月 8 日星期三航天长峰收盘截图，如图 6－55 所示：

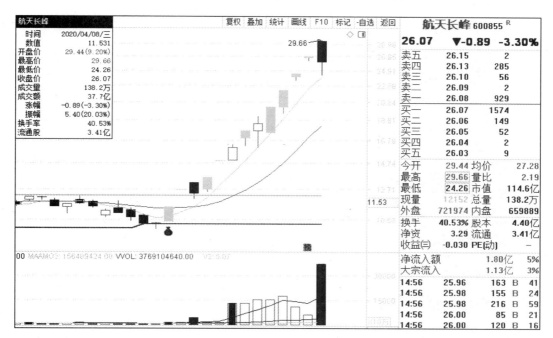

图 6－55

2020 年 4 月 8 日星期三航天长峰收盘截图，如图 6－56 所示：

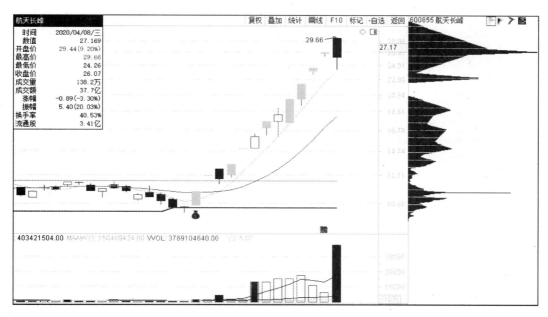

图 6－56

2020 年 4 月 8 日航天长峰买入卖出金额，如表 6－6 所示：

表 6-6

【交易日期】2020-04-08 日振幅达15%
振幅:22.26% 成交量:13818.63万股 成交金额:376910.46万元

| 买入金额排名前5名营业部 | | |
|---|---|---|
| 营业部名称 | 买入金额(万元) | 卖出金额(万元) |
| 西藏东方财富证券股份有限公司拉萨东环路第二证券营业部 | 3670.04 | - |
| 西藏东方财富证券股份有限公司拉萨团结路第二证券营业部 | 3204.38 | - |
| 国信证券股份有限公司深圳红岭中路证券营业部 | 2508.01 | - |
| 广发证券股份有限公司汕头潮阳棉城证券营业部 | 2477.28 | - |
| 平安证券股份有限公司金华宾虹路证券营业部 | 2324.95 | - |
| 卖出金额排名前5名营业部 | | |
| 营业部名称 | 买入金额(万元) | 卖出金额(万元) |
| 中信证券股份有限公司保定东风中路证券营业部 | - | 6025.60 |
| 国盛证券有限责任公司宁波桑田路证券营业部 | - | 3979.90 |
| 华泰证券股份有限公司上海静安区威海路证券营业部 | - | 3971.94 |
| 中泰证券股份有限公司深圳分公司 | - | 3909.98 |
| 华泰证券股份有限公司天津东丽开发区二纬路证券营业部 | - | 3670.96 |

　　第三次重复：一般人把龙虎榜看作次日交易的参考；我则把龙虎榜看作一个当天与主力操盘思路是否一致的对比，因为我们是看 K 线形态给出的信号在操作，而不是看龙虎榜在操作；当我们的思路与龙虎榜主力的操盘一致的时候，那才是令人欣慰的事，因为我们与大主力一样在同时行动。如果当作交易次日的参考，岂不晚了吗？

　　这一章用了多一半的篇幅记录了 2020 年 4 月 8 日这一天主力在一波主升浪顶部出

货的数据图形，请大家仔细认真地看看其中的奥秘，只有读懂了主力出货的密码，你才不会在高山顶上站岗，也就不会被高价位套住。你也会踩着主力的节奏操作了。

盘中一位读者在微信群中自发的留言，如图6—57所示：

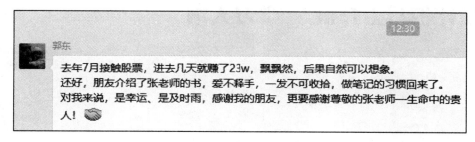

图 6—57

### 思 考 题

1. 公告多次强调，呼吸机在公司业务中占比极小，股价却为什么一涨再涨？

2. 机构为什么与游资分道扬镳？

3. 航天长峰这波主升浪，区间市盈率是多少？如果不知道的话，请从本章图形中去看看。

4. 主升浪来了，你买进了没有？在那个位置买进的？或者为什么你不敢买进？

5. 什么是牛股、妖股、龙头股？

6. 牛股、妖股、龙头股背后的主力是谁？

7. 牛股、妖股、龙头股的上车点在哪里？

8. 目标个股是盘前预定？还是临盘决定？

9. 妖股交易系统的灵魂是什么？

# 附录
## "涨停板与主升浪" 学习大纲

◎**专题一：大道至简**

1. 改变思维。思维不正确，再多的努力也是徒劳的；只有用赢家的思维方式去操作，你才能成为赢家。

2. 培养理念。培养狙击涨停板，只做强势股的理念；只有强势股才能让利润奔跑。

3. 树立目标。树立猎取主升浪，让资金翻番的目标；有了目标，才能激活你内在的潜能，才能增加你的信心，才能创造一个属于自己的新世界。

4. 掌握规律。股市里的规律不以个人的意志为转移，掌握了规律，就能清晰地看到股市炒作的主线。


◎**专题二：系统工具**

系统工具指"线、价、量、筹、盘口（分时图）"五个系统以及基本面分析，也是"涨停板与主升浪"独特的交易系统和交易策略。

1. 均线系统。掌握均线的本质，用均线形态给出的买卖信号操作。

2. 价格系统。分析价格形态，透析主力运作的规律，按价格形态给出的信号精确出击。

3. 成交量系统。分析成交量的形态，踏准主力运作节奏来操作。

4. 筹码系统。从筹码中透析主力去留的痕迹，与浪共舞。

5. 盘口（分时图）系统。从盘口语言中了解主力的意图，掌握出击绝技。

6. 基本面分析。从基本面中了解"涨停板与主升浪"背后的玄机。

◎**专题三：实战案例分析**

1. 投资的艺术在于知道什么时候应该买进、卖出。

军事家有言："要进入战场之前，须了解如何退出战场。"股市里只有一个进口、两个出口——别无选择。

2. 通过分析经典案例掌握盈利模式；通过实时的盘前、盘中的分析，学会将理论与实战结合起来，知行合一才能在股市里做到与浪共舞。

任何一种盈利模式，通过不断地重复，都会得到加强，最终成为本能。

3. 一个投资人的命运，往往取决于他选择了哪一种价值体系来训练自己的交易理念、交易策略、交易纪律和交易心理……只有稳定地赚到钱，才是一个成熟的投资人！

在深圳与学员合影留念

深圳、东莞、广州学员合影留念

# 后 记
## 思维的艺术

　　本书以形象思维的方式，采用经典个股大量的个股走势图形，力求从多个图形的演变发展给读者一个最佳的主升浪走势图形记忆；当这个最佳的记忆形成之后，再升华到逻辑思维；最后又在逻辑思维的指导下，去捕捉猎取主升浪的最佳形态。

　　什么是形象思维？举例来说，元代散曲家马致远的《天净沙·秋思》就是经典的形象思维。首先看看原曲：

**天净沙·秋思**

作者：马致远　年代：元

枯藤老树昏鸦，

小桥流水人家，

古道西风瘦马。

夕阳西下，

断肠人在天涯。

　　这是马致远著名的小令，28 个字勾画出一幅羁旅荒郊图。

　　头两句"枯藤老树昏鸦，小桥流水人家"，12 个字勾画出 7 幅图：枯藤、老树、黄昏、乌鸦，小桥、流水、人家；7 幅平淡无奇的图组合在一起，烘托了一种冷落暗淡的气氛，又显示出一种清新幽静的境界。

第三句"古道西风瘦马"又是3幅图：古道、西风、瘦马。

第四句"夕阳西下"是一幅时间景物图。

第五句"断肠人在天涯"又是2幅全景图，一幅是人，一幅是景。

诗人把13种平淡无奇的客观景物巧妙地连缀起来，通过"枯""老""昏""古""西""瘦"六个字，将自己的无限愁思自然地寓于图景中。最后一句"断肠人在天涯"是点睛之笔，这时在深秋村野图的画面上，一位漂泊天涯的游子，在残阳夕照的荒凉古道上，牵着一匹瘦马，迎着凄苦的秋风，信步漫游，愁肠绞断，却不知自己的归宿在何方；伤心的旅人，在遥远的异乡漂泊流浪。这首小令采取寓情于景的手法用图形来渲染气氛，显示主题，完美地表现了漂泊天涯的旅人的愁思，这就是形象思维带给世人的千古绝句。

股票的形象思维不是景物，而是图形；是一幅幅独立而又连接的图形，从而勾勒出主升浪的形态，就如本书中的联环药业、道恩股份、航天长峰。

当我们把无数个"联环药业""道恩股份""航天长峰"的走势图归纳、总结、升华到《狙击涨停板》修订本第142页（如下图）"涨停板的位置与性质＋……规律"的时候，就是逻辑思维。

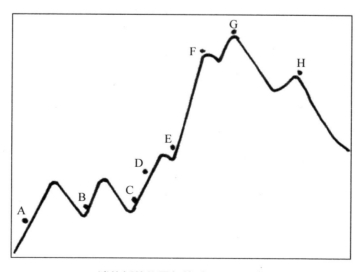

**涨停板的位置与性质＋……规律**

然后，在逻辑思维的指导下去猎取一个个主升浪，这就是股票操作思维的艺术。没有思维的艺术就没有买卖的艺术，更没有主升浪的艺术。

本书取材于武汉封城区间（2020年1月23日—4月8日）A股市场的几只热点龙头，从2020年1月17日联环药业涨停板写起，截至2020年4月8日航天长峰一波主升浪见顶之日，取材时间上纯属巧合。

本书写作时间从2020年3月31日—4月9日，2020年3月30日我与四川人民出版社王定宇主任商定写作，然后夜以继日，废寝忘食，加班加点10天写完。这都得益于平时盘前、盘中、盘后在微信群中于读者分析交流的积累。在这里谢谢每一位与我交流的读者朋友；由于时间的紧促，书中不妥之处，望读者朋友们见谅和指正。

在这里谢谢四川人民出版社和王定宇主任快速地运作，积极筹备本书出版发行。辛苦了！谢谢你们！你们就是股民到达彼岸的金桥。

张华

2020年4月9日于上海国际财富中心